개혁
선언

The Reformation Manifesto
Copyright ⓒ 2008 by Cindy Jacobs
All right reserved.
Published by Generals International (Apr 1, 2008)
P.O. Box 340, Red Oak, TX 75154
All right reserved.
Korean Translation Copyright ⓒ 2017 TD Media.

이 책의 한국어판 저작권은 다윗의 장막 미디어에 있습니다.
저작권법에 의해 한국에서 보호받는 저작물이므로 무단전재와 무단복제를 금합니다.

오늘 열방을 바꿀 하나님의 계획과 나의 책무
The Reformation Manifesto

개혁 선언

신디 제이콥스 지음 | 최요한 옮김

다윗의장막

차례

	서문	6
	머리말	10
1장	개인의 개혁	31
2장	세대의 연합	54
3장	민족을 제자로 삼으라	75
4장	정의로운 대의	101
5장	민족을 가르치라	127

성경 말씀은 새번역 성경에서 인용하였습니다. (편집자 주)

6장	누가 재판관인가?	153
7장	주님의 어깨 위에 세운 정부	175
8장	성경적 경제학: 창세기의 저주를 끊으라	201
9장	개혁의 중보기도: 하늘의 입법	229
10장	값비싼 은혜	251
	참고 문헌	274
	감사의 글	278

서문

《개혁 선언》은 의심할 여지 없이 두 번째 사도 시대를 위한 책이다. 10년 전 혹은 5년 전만 하더라도 교회는 이 책이 말하는 바를 실천할 준비를 하지 못했다. 지금은 다르다. 신디 제이콥스는 부러울 정도로 재능이 많다. 그는 성령의 도움으로 정확한 때를 분별하는 힘이 있다. 당신이 들고 있는 이 책은 우리 세대에 하나님 나라가 오는 데 추진력을 더할 중요한 책이다.

두 번째 사도 시대는 어떤 시대인가? 이런 말을 처음 듣는 사람도 있을 것이다. 내 계산에 의하면 두 번째 사도 시대는 대략 2001년에 시작되었다. 곧 1,800여 년 만에 처음으로 그리스도의 몸의 임계질량에 해당하는 성도들이 사도와 예언자들이 주축이 된 성경적 교회 정치를 인정했다는 뜻이다. 현재 우리는 적어도 종교개혁 이래로 가장 큰, 교회의 변화를 목격하고 있다.

성령은 새로운 계절을 맞아 교회 지도자들에게 이전에는 그들이 받아들일 준비가 부족했던 무언가를 계시하기 시작하셨다. 이 책의 주제인 개혁은 잠재적으로 역사를 고쳐 쓸 새로운 생각의 중심 줄기다. 무엇을 개혁하라는 말인가? 우리가 사는 사회다. 신디 제이콥스만 이를 아는 것은 아니다. 신디는 광야에서 홀로 목청을 높이지 않는다. 오히려 신디는 앞서가는 지도자들의 외침에 동참한다. 그들은 모두 하나님 나라가 하늘에 이른 것처럼 이 땅에 올 것을 선포하는 카리스마가 넘치는 복음주의자들이다. 하나님 나라는 여러 사람이 생각하는 것보다 더 빨리 오고 있다.

나를 비롯한 여러 사람은 너무 오랫동안 하나님 나라의 단편만을 보았다. 우리는 지나칠 정도로 교회를 하나님 나라로 생각한 나머지 사회 개선을 책무로 여기지 않고 교회를 세우고 영혼을 구하는 일만을 사명이라고 생각했다. 더 이상 그렇게 생각하면 안 된다! 제이콥스는 "개혁 선언"을 선포한다. 이와 비슷한 말로는 사회 개혁, 도시 점령, 문화 명령, 주권 회복, 직장 사역 등이 있다. 우리는 거룩하게 살며 열심히 기도하고 온 힘을 다해 예배하고 십일조를 내며 착한 그리스도인으로 살아왔지만—이는 확실히 훌륭한 일이긴 하지만—그 자체로는 사회를 개혁하지 못한다는 것이 명확해졌다. 우리는 이런 일을 더욱 열심히 해야 하지만 손에 때를 묻힐 각오로 사회 자체에도 손을 대야 한다.

나는 신디 제이콥스가 지상 명령을 다루는 방식이 마음에 든다. 나는 모든 민족을 제자로 삼으라는 말이 전 세계에 교회를 세우고 사람들을 구원하라는 뜻인 줄로만 알았다. 그러나 신디는 "예수님은 사람이 바뀌는 것보다 하나님 나라가 바뀌는 것을 더 바라신다"라고 말하며 지상 명령을 새로운 차원에서 조망한다. 역사를 보면 부흥 자체는 사회 개혁을 지속하지 못했다고 그는 주장한다. 부흥이 전부가 아니다! 우리는 패러다임을 바꿔야 한다. 신디는 성경적 경제학을 설명하면서 성 프란체스코마저 나무란다! 이 성자가 '영성은 가난과 비례한다. 따라서 부는 악하다'는 세계관을 세웠기 때문이다. 신디는 이를 반대하며 우리가 '풍성한 마음가짐'을 길러야 한다고 주장한다.

이것은 진부한 종교 용어가 아니다. 우리는 이런 말들을 강단에서 자주 듣지 못한다. 한 가지 이유를 들면 '성령이 충만한' 목사 대다수는 세상을 멀리해야 한다고, 사회에 관심을 가지는 일은 보통 자유주의의 표지라고 배웠기 때문이다. 그러나 이는 빠르게 변하고 있다. 신디 제이콥스 같은 예언자의 외침은 이런 변화에 속도를 더한다.

《개혁 선언》은 흥미진진하면서도 도전을 주는 책이다. 우리는 이 책을 읽다 보면 신이 나기도 하고 정신이 혼란스럽기도 할 것이다. 그러나 그 속에서 우리는 이 시대에 성령이 교회에 하시는 말씀을 더욱 명확하게 들을 것이다. 나는 우리가 그 음성을 들을 뿐 아니라 마음에 담기를 기도한다. 그렇게 하면 우리는 하나님이 세상을 바꾸는 데 쓰기를 간절히 바라시는, 그 마음과 뜻에 하나님 나라가 충만한, 하나님의 종들의 대열에 합류할 것이다!

국제 사도 연맹
대표 사도 피터 와그너

머리말

마르틴 루터는 사회에 만연한 범죄와 부패를 보면서 크게 고뇌했다. 그가 비텐베르크에서 매일 만나는 사람들은 삶이 파괴되고 있을 뿐 아니라 구원의 영원한 소망도 무너지고 있었다. 사회의 핵심 기반인 가정은 부도덕으로 붕괴했다. '면죄부' 판매로 죄 용서는 돈벌이 수단으로 변질되었다. 교인이 진심으로 회개하거나 하나님께 헌신하지 않아도 성직자들은 면죄부를 팔았다. 면죄부 탓에 부정직과 퇴폐는 더욱 기승을 부렸다. 루터 시절의 교회는 예수님이 선포하신 사명을 조금도 성취하지 못했다.

> 주님의 영이 내게 내리셨다.
> 주님께서 내게 기름을 부으셔서,
> 가난한 사람에게 기쁜 소식을 전하게 하셨다.
> 주님께서 나를 보내셔서,
> 포로 된 사람들에게 해방을 선포하고,
> 눈먼 사람들에게 눈 뜸을 선포하고,
> 억눌린 사람들을 풀어 주고,
> 주님의 은혜의 해를 선포하게 하셨다.
>
> 누가복음 4장 18-19절

마르틴 루터는 1517년 만성절 전야에 비텐베르크 캐슬 성당 정문에 95개조 반박문을 게시했고 이로써 종교개혁이 시작되었다. 우습게도 이 '반박문'은 교회를 반박하고 공격했던 것이 아니라 진짜 회개가 무엇인지 다시 소개하고 회개를 회복하자는 내용이었다. 루터는 새로운 종파의 리더가 되는 데에는 관심이 없었고 참된 복음이 다시 전파되어 하나님의 뜻이 모두 이루어지는 것을 보고 싶을 뿐이었다. 여러 권위자의 고집 탓에 결국 혁명이 일어났지만 그는 혁명을 바라지 않았다. 그가 바랐던 것은 부흥이었다.

이로써 기독교계는 속속들이 흔들렸고 오늘날까지 우리에게 영향을 주고 있다. 하나님의 진리에는 분명히 변화의 힘이 있다.

새로운 개혁이 필요할 때인가?

새로운 개혁이 일어나야 한다는 말이 의문스러운 사람이 분명히 있을 것이다. 어떤 사람은 "나는 지난 개혁 때 생긴 일이 마음에 들지 않는다" 또는 "이것이 나하고 무슨 상관인가?" 혹은 "우리는 그저 온 세상에 부흥이 일어나고 세상 사람들이 모두 하나님께 돌아오도록 기도만 하면 되는 것이 아닌가?" 하고 물을지도 모른다.

예수님이 세상에 오신 뒤로 세 번째 천년의 새벽을 맞이하는 우리는 또다시 범죄와 부패가 만연하고 전혀 새로운 방식으로 삶이 파괴되는 세상과 마주했다. 20세기는 인류 역사에서 가장 많이 피로 물든 시기였다. 두 차례나 일어난 세계 대전, 유대인 대학살, 공산주의와 파시즘의 등장, 문화 혁명이라는 미명으로 자녀를 자극해 부모와 싸우게 하는 전체주의 정권의 군림을 우리는 보았다. 동남아시아의 킬링필드, 발칸과 르완다의 집단학살, 이슬람 극단주의의 탄생은 인간의 사악한 면 때문에 대홍수가 일어난 뒤로 인류가 크게 발전하지 않았다는 것을 말해주는 몇 가지 예이다. 20세기에 순교한 그리스도인의 수는 지난 1900년 동안 목숨을 잃은 순교자의 수보다 갑절이나 많다. 21세기에는 조금이라도 달라지는 점이 있을까?

그러나 오늘날 우리의 문제는 교회가 세상과 타협했다는 것이 아니라 우리가 어떤 교단에 속하든지 그리스도의 몸으로서 복음을 들고 시대와 문화 안으로 침투하지 못했다는 것이다. 성경은 사회 개혁의 해답이 가득하다! 그러나 우리가 개혁적 법제, 구조, 성경적 세계관을 일상에 뿌리 내리지 않고 사회를 개혁하면 사회는 이전 상태로 되돌아간다.

우리 사회의 여러 사람이 교회가 시대에 뒤처졌다고 생각하는 까닭은 교회가 개혁을 위해 당연히 해야 할 소금과 빛의 역할을 하지 못하기 때문이다.

내 말을 오해하지 않기를 바란다. 그리스도인들이 착한 일을 하지 않는다는 말은 아니다. 오늘날 선교사들은 지구 곳곳에서 일하고 역사상 가장 큰 부흥들이 20세기에 있었다. 나는 남미에서 일어난 개혁을 내 눈으로 직접 보았다. 복음이 전파되자 부흥은 삽시간에 불길처럼 번졌다. 도시 전체와 시민들의 삶이 거의 하룻밤 사이에 극적으로 변했다. 그러나 이런 변화는 몇 년을 버티지 못했다. 나는 깨달았다. 부흥은 삶을 바꾸는 중요한 일이지만 그것만으로 충분하지 않다는 것을.

또 다른 문제는 교리다. 사람들은 흔히 예수님이 재림하시기 전에 세상이 차츰 어지러울 것이라고 생각한다. 나라를 개혁하자는 말을 하면 내가 어떤 종말론을 믿는지 사람들이 의심한다는 것을 나는 안다. 참으로 내 마음은 주님이 돌아오실 때까지 장사하는 일에 빠져 있어서(눅 19:13) 나는 종말론을 붙잡고 충분히 고심한 적이 없다. 나는 부흥의 물결이 중동과 아프리카, 아시아 등 여러 곳을 휩쓸어 수백만 명이 하나님의 보좌 앞에서 예배하는 모습을 보고 싶다. 또한 나는 하나님을 믿는 자로서 주님의 가르침을 열방에 전하고 열방을 제자로 삼는 일이 나의 책무임을 믿는다. 목사였던 내 아버지가 믿었던 종말론을 소개하고 싶다. 아버지는 웃으며 말했다. "애야, 나는 전(前)천년주의자도 후(後)천년주의자도 아니란다. 나는 전(全)천년주의자란다! 결국 모든 약속이 '완전히' 성취될 거야!" 나는 아버지의 생각에 동의한다. 종말론은 나보다 훨씬 더 똑똑하고 종말론을 깊이 연구하는 학자들이 밝혀줄 것이다.

지난 수백 년 동안 부흥은 몇 년 이상 지속된 적이 없다. 제1차, 제2차 대각성 운동 때 요한 웨슬리, 조지 휫필드, 찰스 피니 같은 훌륭한 부흥사들의 영향력은 몇십 년을 넘기지 못했으며 20세기 초입에 웨일스와 아주사 거리에서 일어난 부흥 운동들은 몇 년을 가지 못했다. 1954년 대부흥이 아르헨티나를 휩쓸 때는 30만 명이 넘는 영혼이 구원을 받았지만 아르헨티나에는 여전히 부패가 만연한다. 오늘날 아르헨티나는 지상 명령을 진지하게 받아들이며 개혁과 변화의 길을 걷고 있다.

라인하르트 본케는 아프리카 대륙을 바꾸는 데 지대한 역할을 했다. 수십만 명이 구원을 받았다. 그러나 신자들은 아프리카 대륙의 가난을 해결할 방도를 몰랐다.

내가 사는 텍사스 주 댈러스 같은 여러 도시에는 그리스도인들이 많이 살지만 우리는 시 당국이 경건한 원칙대로 일하는 모습을 본 적이 없다. 사실 지난 선거에서 낙태를 옹호하는 정치인들이 선출되자 경건한 판사들이 많이 교체되었다.

이제 우리는 어렵더라도 자문해야 한다. "우리는 모든 방법을 동원해 복음을 전하는데도 왜 도시들은 부도덕에 물들어 있을까?" "우리 사회는 왜 더 나아지지 않을까?" "우리가 나라와 도시를 개혁하고 수많은 사람이 하나님 나라에 들어오고 성경 원칙에 따라 사회 구조를 바꾸려면 어떻게 해야 할까?"

부흥과 변화, 개혁

부흥이 일어나면 수많은 사람이 하나님 말씀의 능력으로 변하기 때문에 지역이 변하는 일이 자주 일어난다. 그러나 영적 변화는 '영적 상자' 안에 들어가 따로 저장되기 일쑤이다. 교회의 일요일은 월요일에서 토요일까지 일상으로 이어지지 못한다. 우리는 영적 변화가 평범한 일상에 들어오지 못하게 막는다.

어떤 사업가는 구원을 받았으나 부흥 집회에 참석하기 전에 했던 떳떳하지 못한 사업 관행을 버리지 못한다. 학교 선생님들은 기독교를 받아들였으나 여전히 하나님을 인정하지 않는 교과서와 교과 과정에 따라 학생들을 가르쳐야 한다. 공무원들은 거듭났을지라도 뇌물과 파벌로 물든 부패한 제도 속에서 일할 수밖에 없다. 새신자들의 생활은 잠시 변할지 모르나 문화 전체가 변하지 않으면 다른 사람들의 행동에 눌리고 가라지와 "세상의 염려와 재물의 유혹과 그 밖에 다른 일의 욕심이 들어와"[1] 부흥 이전의 생활로 돌아가고 만다. 우리는 "부흥이 왜 일어나지 않는가?"라고 묻지만 말고 "부흥이 왜 지속되지 않는가?"라고 물어야 한다.

부흥이 일어나서 수많은 사람이 하나님 나라로 들어오는 것을 상상해 보라. 갑자기 모든 사람이 하나님으로 감격하고 예수님 안에 있는 생명의 가능성을 미래의 소망으로 삼는다. 교인 수가 증가하고 성경과 신앙 도서 판매가 치솟고 전도지가 널리 배포된다. 사람들은 생활이 바뀔수록 예수님에 관한 이야기를 점점 더 많이 한다. 예수님은 모든 것의 해답이다. 사람들이 자신의 문제와 염려를 예수님께 맡기자 기적이 일어난다. 이는 믿을 수 없을 정도로 강렬하고 신나는 일이다! 말 그대로 지상 천국이 열린다.

그러나 시간이 흐르자 사회와 문화를 지탱한 기독교의 영향력은 퇴보한다. 그리스도인다운 생활은 형식이 되고 사람들은 과거의 방식으로 문제를 해결한다. 흔히 일어나던 기적은 갑자기 종적을 감춘다. 사람들은 하나님 나라의 입구에 모여 있으면서도 결코 들어갈 엄두를 못 낸다. 그들은 문화를 바꾸기는커녕 문화에 물들어 과거의 방식으로 돌아가고 몇 년이 채 못 되어 모든 것이 부흥 이전의 모습으로 돌아간다.

어떤 사람은 우리가 부단히 부흥의 상태에서 살아야 한다고 말한다. 나의 소명은 부흥사이기에 몇 가지 덧붙인다. 부흥은 하나님의 도움으로 죄를 깊이 깨닫고, 영혼들이 하나님 나라로 밀려들고, 매일 기적이 일어나고, 주님의 권능이 그리스도인의 마음과 영혼에 미칠 때 일어난다. 우리는 우리가 다니는 교회에서 이런 일들이 꾸준히 일어나기를 바란다. 그러나 복음의 능력으로 나라 전체가 바뀌는 것을 보려면 이런 일을 넘어서 우리가 거쳐야 할 단계가 있다. 사람들이 하나님 나라에 몰려들면 우리는 그들을 제자로 삼아 변화된 삶을 어떻게 살아야 하는지를 가르쳐야 한다. 이를 위해서는 구비하게 하고 가르쳐야 한다.

세 번째 단계는 변화된 삶을 사회와 통합하는 것이다. 변화된 삶

---

1. 마가복음 4장 19절 참조.

과 사회가 통합될 때 하나님의 변화의 능력이 나타난다. 우리는 사람들에게 직장에서, 또한 스스로 영향력을 발휘할 수 있는 여러 영역에서 소금과 빛이 되는 방법을 가르친다. 각 신자는 어디든지 하나님이 이끄시는 곳에서 개혁자로 사는 훈련을 받아야 한다. 어머니는 자녀를 성경적 세계관에 따라 양육하고 열방을 개혁하는 사람으로 길러야 한다. 아버지는 아들과 딸의 모범이 되어야 한다. 교회는 사회를 개혁할 사명이 차세대에 있다는 것을 주지하고 그들을 가르쳐야 한다. 신자들은 마트에서 일하든지 학교에서 공부하든지 나랏일을 하든지, 자신의 직업을 수단으로 삼아 하나님의 원칙을 세우고 일터에서 하나님 나라를 밝게 드러내야 한다. 기도하고, 가르치고, 일하는 '주님의 군대'는 나라의 모든 영역에서 개혁을 위임받는다.

나는 하나님이 열방에서 의로운 신자들을 일으키는 새로운 선교 전략을 세우실 것을 진심으로 믿는다. 그러면 우리는 사람들의 영혼을 구원할 뿐 아니라 하나님의 말씀이 정말로 열방에서 역사한다는 것을 드러낼 것이다. 게다가 성령은 초자연적인 권능으로 에이즈에 걸린 사람들을 낫게도 하시고 과학자들로 하여금 에이즈 치료법을 발견하게 하실 것이다!

민족이 변하는 것을 보려면 영혼 구원에만 만족하지 말고 그리스도인들이 주님 안에서 성장하고 하나님 나라를 사회의 모든 영역에 들어가게 해야 한다. 하나님은 하나님 나라의 뜻이 우리를 통해 지상에서 이루어지기를 바라신다! 변화는 있으나 개혁이 없는 나라는 곧 부패한 처음 상태로 돌아간다.

내가 생각하는 개혁은 부패한 것을 고치고 회복하여 하나님의 질서와 체계에 따라 사회와 정치 제도를 바로 세우는 것이다. 우리가 일하는 방식에, 가난한 사람을 대하는 태도에, 정의를 베풀고 법을 만드는 방식에, 자녀를 교육하는 방법에, 우리가 살아가는 방식에 하나님의 뜻을 제도화하자는 말이다. 그래야 사람들이 악한 일을 멀리하고 선한 일에 전념할 수 있다. 우리 사회도 천국과 같이 하나님의 복이 사람들 사이에서 흐르는 곳으로 변해야 한다.

7대 관문 진입

예수님을 주님과 구세주로 모시는 문화는 어떤 문화일까? 우리가 개인과 주님 사이뿐 아니라 국가와 사회와 주님 사이에서 중재한다는 것은 무슨 뜻일까?

골로새서 1장 20절을 보자. "그분의 십자가의 피로 평화를 이루셔서, 그분으로 말미암아 만물을, 곧 땅에 있는 것들이나 하늘에 있는 것들이나 다, 자기와 기꺼이 화해시켰습니다." 마태복음 6장 10절에는 예수님이 제자들에게 가르치신 기도가 있다. "그 나라를 오게 하여 주시며, 그 뜻을 하늘에서 이루심 같이, 땅에서도 이루어 주십시오." 예수님은 이 땅에 오셨을 때 개종자만 찾으신 것이 아니라 지상에서 천국을 재창조하려고 하셨다. 주님은 제자들이 하나님 나라를 세우는 것을 보고 싶으셨다. 하나님 나라는 기적이나 그리스도인이 표현하는 사랑을 통해 만물을 향한 하나님의 뜻을 쉽게 알 수 있는 나라이다. 예수님은 자기를 대신해 제자들이 세상을 되찾게 하도록 그들에게 능력을 주고 싶으셨다.

성경의 기초 원리를 모르는 민주주의는 결국 독재자나 비민주적 형태의 정부가 군림하는 사회로 추락한다. 그 이유는 성경에 바탕을 둔 세계관이 건국이념의 골격을 이루지 않으면 민주주의는 작동하지 않기 때문이다. 하나님은 우리를 자유의지가 있는 사람으로 창조하셨기 때문에 성경에는 가장 큰 정치적 자유를 보장하는 믿음의 교리가 있다. 성경에 바탕을 둔 민주주의는 종교 탄압을 허용하지 않는 법치 사회를 이룩한다.

그러나 이 법치 사회는 다수가 하나님의 법을 어기는 사회법을 가질 수 있다는 뜻은 아니다. 신성한 안전장치가 없는 사회는 모든 사람이 자기 소견에 옳은 대로 행동하는 무정부 상태로 퇴락할 것이다.

윌리엄 윌버포스 같은 그리스도인들은 영국과 미국에서 개혁의 깃발을 높이 들고 노예제도 문제를 압박하여 노예제도를 폐지시켰다. 아이작 뉴턴 경을 비롯한 여러 그리스도인은 역사상 가장 위대한 과학 발견의 주인공들이었다. 국가 발전을 이룬 발명은 대개 여러 '기독교' 국가에서 나왔다. 하나님 나라가 개인적 차원뿐 아니라 사회적 차원에 임했을 때 놀라운 일이 벌어졌다.

미국의 독립선언문에는 인류가 "창조주에게 생명권, 자유권, 행복을 추구할 권리 등과 같은 타인에게 양도할 수 없는 권리를 부여 받았다"는 문구가 들어가 있고 미국은 이런 사상을 장려한다.

우리가 지상에 다시 세워야 할 나라는 이런 나라이다. 이 나라는 하나님의 사랑, 정의, 권능에 토대를 둔 나라로 부패가 사라지고 굶주리고 헐벗은 사람들이 배불리 먹고 따숩게 입으며 법원은 공정하게 재판하고 정부는 정의롭게 다스리고 기업은 윤리를 지키며 일하고 학교는 시류에 따른 철학을 학생들에게 주입하지 않고 그들로 진리를 추구하게 하는 나라이다. 내가 말하는 것은 탐욕을 위한 자유가 아니라 사랑을 위한 자유에 바탕을 둔 사회, 편이와 이기주의가 아니라 도덕에 기반을 둔, 국민을 조종하고 개인의 제국을 세우는 비루한 욕망을 채우지 않고 자유롭게 공의롭게 일하는 정부이다. 이것이야 말로 세상을 근본부터 바꾸는 복음의 참된 해방이다.

피터 와그너는 동료들과 함께 쓴 글에서 우리가 열방을 개혁하려면 '사회의 7대 관문'을 바꾸어야 한다고 제안했다. 7대 관문은 다음과 같다.

1. 정부
2. 미디어와 커뮤니케이션
3. 시장
4. 예술
5. 교육
6. 가정
7. 교회와 사역

이 7대 관문이 참으로 성경의 토대 위에 세워지면 나라가 어떻게 변할까? 나는 이 일곱 분야의 전문가는 아니다. 그러나 관련 전문가들이 7개 관문을 위한 개혁을 논의하기를 진심으로 바란다. 나는 이 책 전반부에서는 개혁의 의미를 되새기고 후반부에서는 7대 관문을 하나씩 들여다보면서 성경의 가르침과 약속에 따라 각 관문을 재건설할 때 나타날 그림을 제시할 것이다.

마음과 뜻으로 하나님을 사랑하기

이와 같은 개념을 가지고 일하자 내 안에서 무언가 놀라운 일이 생겼다. 마태복음 22장 37절이 명하는 바대로 나는 마음과 영혼뿐만 아니라 뜻으로도 하나님을 사랑하게 되었다.

어느 율법 교사가 예수님을 시험하려고, 율법에서 가장 중요한 계명이 무엇이냐고 물었다. 예수님은 "네 마음을 다하고, 네 목숨을 다하고, 네 뜻을 다하여, 주 너의 하나님을 사랑하여라" 하고 대답하셨다.

과거에 살던 사람들에게 영향을 끼쳤던 여러 철학자와 개혁가, 인물을 공부하면서 성령이 우리 생각을 바꾸고 다듬으시게 하라. 당신이 세상의 사고방식에 물들어 있는 곳을 성경이 밝히 드러낼 때 성경의 사고방식에 맞추어 당신의 뜻을 재조정하라. 나는 성경을 공부하면서 내 뜻이 새롭게 변하고 사고방식이 바뀌었다. 이제 나는 생각을 하거나 결정을 내릴 때 성경적 세계관을 틀로 삼아 그 생각이

나 결정이 사회에 이로운지 해로운지 판단한다.

예를 들면 나는 최근에 캘리포니아 주립대학교 버클리 캠퍼스에서 열린 집회에 참석한 적이 있다. 나는 대학생 천 명에게 강연을 하면서 "여러분 중에는 내가 동성애를 어떻게 생각하는지 궁금한 분이 많을 겁니다. 나는 이 문제에 관해 사견이 없습니다. 그러나 동성애에 대한 하나님의 법은 어떤지 창조주의 핸드북인 성경을 함께 읽어 봅시다"라고 말했다. 그러고 나서 나는 로마서 1장을 읽었다. 로마서 1장은 하나님의 진노가, 불의한 행동으로 진리를 가로막는 사람의 온갖 불경건함과 불의함을 겨냥하여, 하늘에서 나타난다고 말한다. 나는 동성애로 하나님의 법을 어기는 죄 목록을 읽었다. 여자들은 남자와 맺는 바른 관계를 바르지 못한 관계로 바꾸고, 또한 남자들도 서로 욕정에 불탔다.

창조주 하나님은 일정한 법을 세우셨다. 어느 모퉁이길 신호등 불빛을 내가 어떻게 생각하는가가 중요한 문제가 아니듯이 내가 하나님의 법을 어떻게 생각하는가는 중요한 문제가 아니다. 문제는 빨간 불이 들어오면 멈추어야 한다는 것이다. 그것이 법이기 때문이다.

우리는 뜻을 다해 하나님을 사랑하지 않으면 나라를 개혁하지 못한다. 나는 이 계명을 묵상할 때 "뜻을 다해 하나님을 사랑하라고 배운 적이 있었던가?"라는 의문이 들면서 삶의 지각이 흔들렸다. 물론 로마서 12장 1-2절에서 마음을 새롭게 하라는 설교는 많이 들었지만 뜻을 다해 하나님을 사랑하라는 최대 계명에 관한 설교는 듣지 못했다.

나는 당신이 이 책을 읽으면서 뜻을 다해 하나님을 사랑하는 법을 배우기를, 당신이 상상하지 못했던 놀라운 방법으로 하나님을 사랑하기를 기도한다.

내가 자격이 있습니까?

나는 이 책을 쓸 때 독자들에게 너무 어려운 주제는 아닐까라는 생각이 들어 걱정했다. 나는 당신이 어려운 주제라고 생각하지 않기를 바란다! 하나님은 성경적 개혁의 개념이 당신의 일상에 뿌리를 내리게 도우신다. 복음은 능력이다. 마음과 영혼뿐 아니라 뜻으로 하나님을 사랑하는 법을 배우고 익히면 이 개념을 뚜렷이 알게 된다.

나는 이 책을 써야겠다는 생각이 들었을 때 하나님께 "제가 자격이 있습니까?" 하고 물었다. 음악 교육이 아니라 정치학을 전공한 사람이 이 책의 저자로 더 어울리지 않을까? 그러나 나는 답을 알 것

같다. 내가 이 개념을 이해할 수 있다면 당신도 이해할 수 있다! 성령은 진리를 밝히 드러내신다. 성령은 하나님의 뜻이 하늘에서 이루어진 것처럼 이 땅에서도 이루어지기를 바라신다!

너무 어렵다고 생각하지 말자. 복음의 진리로 머릿속을 정결하게 해 달라고 성령께 구하라. 나는 이 책을 쓰기 시작할 때 부담이 컸고 완성할 수 없을 것 같았다. 이런 광범위한 주제를 이해하는 것은 둘째 치고 어떻게 풀어나갈 수 있을지 걱정했다. 나는 이 책을 완성하기에는 능력이 부족한 것 같아 몇 번이나 좌절했다. 책상에 얼굴을 파묻고 그저 하나님 앞에서 울면서 내 힘으로는 이 책을 쓰는 것이 불가능하니 도와달라고 간청했던 적이 많았다. 나는 자신감을 잃었고, 하나님은 이 책을 나보다 훨씬 더 똑똑한 사람에게 맡겼어야 하셨다고 생각했다.

그러나 나는 두려움을 조금씩 극복했다. 글을 쓰면서 내 안에 무언가 놀라운 일이 생겼다. 나는 학자는 아니지만 하나님의 음성을 듣는 법과 성경을 읽는 법만큼은 확실히 안다. 하나님은 우리가 감당하지 못할 일을 하라고 요구하시는 법이 결코 없다. 하나님이 못하실 일은 없다. 하나님은 언제나 당신과 나 같은 사람을 통해 뜻을 성취하셨다. 하나님은 내 손을 잡아 한걸음씩 이끄시고 내가 써야 할 것을 쓰게 하셨다. 하나님은 나에게 개혁자의 마음을 주셨다.

나는 개혁이라는 주제를 연구하면서 마음과 뜻과 정신에서 불꽃이 튀었다. 뼈가 타는 듯했다. 나는 열방이 개혁되고 지상 명령의 참된 의미가 성취되는 것을 보고 싶다. 우리는 개인을 전도할 뿐 아니라 열방을 가르칠 사명이 있다.

나는 당신도 개혁자의 마음을 받아 이 책을 읽는 동안 성령이 당신의 마음에서 하나님의 진리를 살아 움직이게 하시기를 간절히 바란다. 나는 이 책의 글이 당신의 마음과 뜻과 정신에 들어가서 당신이 사는 나라에 하나님 나라를 세우는 하나님의 계획이 각인되기를 기도한다.

우리는 열방을 개혁할 때 예수님이 구원자로 오셨다는 사실을 잊으면 안 된다. 이 사실이 가장 중요하다. 사회가 개혁된다고 해서 살아 계신 하나님을 만나는 것처럼 사람들의 영혼이 바뀌지는 않는다. 우리는 성경이 명하는 전도의 의무를 기억해야 한다. 모든 사람은 각자 구원받아야 한다. 예외는 없다! 그러나 우리가 이 일만 해서는 안 된다. 개인의 구원에서 시작해서 완전한 개혁을 이루어야 한다. 개인의 구원과 나라의 개혁은 별개의 일이 아니다.

피터 와그너는, 사회정의 문제와 관련된 개혁이 교회에 필요하다고 하나님이 오래전부터 말씀하셨다고 말했다. 그가 나에게 보낸 편지를 소개한다.

1800년대 후반에 뉴욕 주 로체스터에서 월터 라우센부쉬(Walter Rauschenbusch)의 목소리가 들리기 시작했어요. 그는 문화의 책임을 전도의 책임과 아울러 선교 운동의 전면에 두려고 노력했지요. 오늘날 우리는 그를 사회복음운동의 선구자로 기억합니다. 안타깝게도 바로 이때 자유주의 요소가 교회에 들어갑니다. 라우센부쉬는 전도의 책임이 가장 중요하다고 말했지만 자유주의의 물결은 막지 못했어요. 사회복음 추종자들은 (1) 미국의 사회악의 뿌리가 자본주의에 있다고 말하고, (2) 전도의 책임을 제외함으로써 복음주의자들에게서 떨어져 나왔지요.

1900년대 초반에 복음주의 리더들이 강하게 반발했어요. 복음주의자들은 자유주의 교리라는 편견 때문에 사회를 개혁해야 한다는 생각에 반대했지요.

지금은 달라졌습니다. 내가 살펴본 바로는 이 변화는 1960년대에 시작되었어요. 그 당시 성령은 성경적 복음주의 그리스도인들에게 가난하고 억압받는 사람들을 책임지라고 강하게 말씀하기 시작하셨습니다.

내 친구 조지 오티스 2세(George Otis Jr.)는 열방을 제자로 삼고 가르치라는 성경의 명령을 진지하게 전하는 시리즈물 〈변혁〉(Transformation)을 통해 하나님이 크게 쓰신 인물이다. 변혁의 여러 개념은 개혁에 적용할 수 있다. 개혁자는 변혁해야 한다!

하나님은 사회의 모든 분야에서 열정에 불타는 새로운 지도자 세대를 세우고 계신다. 이들 가운데 세계 곳곳의 학교와 거리에서 수많은 영혼이 구원받는 것을 보고 싶은 열망에 불타는 부흥사들이 나올 것이다. 하나님은 새로운 경건 운동으로 행진하며 열방을 뒤흔들 개혁자들의 군대를 세우실 것이다.

당신이 나이가 많든지 적든지, 키가 크든지 작든지, 살이 쪘든지 말랐든지, 피부색이 어떻든지 상관없다. 하나님은 당신에게 이 세대에 완수해야 할 사명과 목적을 주셨다. 이제 우리는 선배 개혁자들과 함께 일어나 하나님의 빛을 새천년에 비춰야 한다.

나와 함께 그 방법을 배우지 않겠는가?

텍사스 주 댈러스에서
신디 제이콥스

제 1 장

개인의 개혁

독일 비텐베르크. 안개가 자욱한 오후. 친구들과 나는 개혁자의 기분이 조금도 들지 않았지만 벽에 걸린 안내문을 읽고는 우리가 찾아간 박물관이 마르틴 루터의 집이었다는 사실을 알았을 때 내 마음은 깊숙한 곳에서 요동쳤다.

베를린의 한 집회에서 강연을 마친 다음 날이었다. 의전을 맡은 라이너가 우리를 데리고 관광을 시켜 주었다. 복도를 걷던 나는 루터의 생애와 교훈이 있는 이 박물관이 부활절 오후에도 개관한다는 사실에 놀랐다. 사실 이 박물관을 관리하는 직원들에게 예수 그리스도의 부활을 기념하는 부활절 날은 여느 근무일과 같았을 것이다.

나는 수도원을 개조한, 루터와 케이티 부인이 살았던 집의 복도를 걸으면서 이 박물관의 낡은 돌바닥에 첫발을 내딛었을 때 일었던 감정의 불길이 점점 더 타오르는 것을 느꼈다. 나는 루터가 자신의 삶으로 문화를 놀랍게 바꾼 역사를 읽으면서 놀라고 또 놀랐다. 나는 친구들에게 "여기 좀 봐!", "이걸 좀 읽어봐!"를 연신 외쳤다. 나는 내가 무엇 때문에 흥분하는지 몰랐다. 나는 궁금했다. '내 기분이 왜 이러지?'

곰팡내가 나는 벽에 걸린 역사는 루터가 이 복도를 걸으면서 기도했던 5세기 전이나 오늘이나 여전히 살아 있는 진리였다. 나는 루터의 글을 읽을 때마다 모든 민족이 경건을 회복해야 할 오늘날과 루터의 개혁을 이어서 생각했다.

이를테면 루터는 예술과 음악을 사용했다. 그는 교인들이 모국어로 함께 부를 수 있는 노래를 작곡해서 교회 문화를 혁신했다. 그 전까지 예배 모임에서 교인들은 노래를 부르지 않았다. 찬양이 개혁의 열쇠가 되었던 것이다.

루터의 유명한 찬송 "내 주는 강한 성이요"의 가사를 읽을 때 내 마음은 불탔다.

> 내 주는 강한 성이요 방패와 병기 되시니…
> 내 힘만 의지할 때는 패할 수밖에 없도다
> 힘 있는 장수 나와서 날 대신하여 싸우네
> 이 장수 누군가 주 예수 그리스도 만군의 주로다
> 당할 자 누구랴 반드시 이기리로다…
> 세상 권세보다 높은 말씀 모든 감사를 돌리세

우리 곁에 계신 주 성령과 은사를 주시네
친척과 재물과 명예와 생명을 다 빼앗긴대도
진리는 살아서 그 나라 영원하리라.

1529년에 지은 찬송이지만 이 노래는 인생의 싸움터에 있는 수많은 사람들과 나에게 여전히 감동을 준다. 승리는 하나님의 것이다!

나는 박물관의 마지막 방에서 종교개혁에 영향을 받은 도시와 사람이 아주 많았다는 것을 알았다. 종교개혁은 독일뿐 아니라 유럽 전역을 뒤흔들었다. 갑자기 내 안에서 화산이 폭발하는 것 같았다.

감정이 북받친 나는 박물관에서 춥고 습한 바깥으로 뛰쳐나와 벽에 얼굴을 묻고 울음을 터뜨렸다. "오, 하나님, 정말 죄송합니다, 정말 죄송합니다! 우리 세대는 주님을 완전히 저버렸습니다! 오, 주님 우리가 왜 이렇게 됐습니까?"

그 순간 나는 깨달았다. 지상 명령에 순종하면 세상을 바꿀 수 있는 것을. 우리는 그것을 알면서도 수백 년 동안 지상 명령을 성취할 힘이 없었다.

내 얼굴에는 눈물이, 하늘에서는 빗물이 하나로 떨어졌다. "독일에 8,200만 명이 있는데 그리스도인들은 겨우 160만 명입니다. 오, 하나님, 우리가 왜 이렇게 됐습니까? 하나님, 정말 죄송합니다. 우리가 왜 이 지경이 됐습니까?"

나는 울음을 멈추고 떨리는 마음으로 박물관을 떠났다. 루터가 사랑한 나라, 하나님의 말씀이 최초로 독일어로 번역된 구텐베르크 성경의 나라를 생각하며 내 영혼은 깊이 고뇌했다.

우리는 루터가 그 혁명의 문서를 붙여 놓은 문을 찾으려고 비텐베르크의 거리를 걸으면서 독일과 세계에 개혁의 불길이 다시 일어나야 한다고 말했다. 마르틴 루터가 캐슬 성당 정문에 붙였던 유명한 95개조 반박문은 청동으로 만든 문서가 되어 루터가 원래 붙였던 자리에 그대로 있었다.

우리는 캐슬 성당으로 가면서 독일의 낙태 문제에 관해 이야기했다. 동독과 서독이 통일된 뒤로 낙태 합법화는 뜨거운 논쟁거리였다. 동독은 1972년부터 임신 3개월 전에는 낙태를 허용했으나 서독에서는 낙태가 불법이었다. 1995년 첫 타협안이 나왔다. 산모는 상담을 받기만 하면 첫 3개월 전에는 합법으로 낙태를 할 수 있게 되었다.[1] 그 뒤로 독일은 해마다 태아 약 13만 명이 낙태로 죽었다.[2] 독일 산모의 약 15%가 낙태를 하는 셈이다. 베를린 시는 낙태율이 28%에 이른다.[3] 독일 페미니스트들은 가두시위에 나서서 낙태 합법화를 외치며 통일 독일의 낙태 합법화에 영향을 주었다.

나는 생각에 잠겼다. '우리 그리스도인들은 왜 그들보다 담대하지 못할까? 우리는 왜 정의로운 법을 세우지 못할까? 다른 사람들은 자신의 명분을 위해 용기와 열정을 다하는데 우리는 왜 문화를 바꾸지 못할까? 왜 우리는 아무것도 하지 못할까?'

나는 친구들에게 큰 소리로 말했다. "독일에서 낙태가 다시 불법이 되도록 함께 기도하자."

모두 찬성했다. 우리는 걸음을 멈추고 그 자리에서 서로 손을 잡고 기도했다. 그러고 나서 우리는 루터가 걸었던 길을 따라 캐슬 성당으로 향했다.

오후 늦게 우리는 우리가 보고 싶던 것을 찾았다. 교회 문에 붙은 청동 기념물, 글로써 온 나라를 움직였던 혁명의 개혁자가 쓴 문서를 우리는 보았다. 우리는 조용히 손을 잡고 독일에서 낙태를 몰아내는 운동의 불씨로 우리를 써 달라고 하나님께 기도했다. 또한 독일의 청년들이 독일의 구원을 보게 해 달라고 주님께 간구했다.

우리가 기도를 마치자 "내 주는 강한 성이요"의 선율이 교회 옆 종탑에서 울려 퍼졌다. 마치 하나님이 "아멘! 내가 그 기도를 기다렸다. 이제 가서 기도한 것을 실천하라!"라고 말씀하시는 듯했다.

우리는 경외심이 들어 꼼짝도 못했다. 우렁찬 종소리는 우리의 속사람을 흔들었다. 초자연적 힘을 느끼는 순간이었다. 그것은 할렐루야 찬양과 같이 가슴 벅찬 경험이었지만 하나님은 우리의 모험에 종지부를 찍는 더 감동스런 놀라움을 선사하셨다.

---

1. "Questions and Answers About Germany: – Health Care, Health Issues and Social Welfare: Is Abortion Legal?" *German Embassy* Web site, www.germany.info/relaunch/info/facts/facts/questions_en/health/healthissues3.html (accessed February 23, 2007).

2. "Historical Abortion Statistics, FR Germany," *Johnston's Archive*, updated February 18, 2007, www.johnstonesarchive.net/policy/abortion/ab-frgermany.html (accessed February 23, 2007).

3 "Germany Abortion Percentages by State, 1999-2004," *Johnston's Archive*, updated July 20, 2005, www.johnstonsarchive.net/policy/abortion/germany/ab-ges2.html (accessed February 23, 2007).

우리가 돌아가려고 했을 때 60대 초반으로 보이는 부부가 사진을 찍고 있었다. 거리에는 아무도 없었기 때문에 우리는 갑자기 나타난 그들을 보고 놀랐다. 오후 내내 궂은 날씨가 계속되었고 해가 질 무렵이라 관광객이 사진을 찍기에는 좋지 못한 때였다.

남편은 아내의 사진을 찍을 준비를 했다. 성령님은 나에게 그들의 사진을 찍어 주라고 말씀하셨다(나는 사진을 찍으면 사람의 머리를 잘라 먹어서 라이너에게 부탁할 참이었다). 그 남자는 고맙다고 말하고 아내가 루터파 교인이라서 유명한 비텐베르크의 성당 정문 앞에서 사진을 찍는 것이 소원이었다고 덧붙였다.

나는 사진을 찍고 나서 우리를 소개했다—로라, 알레드, 벤, 라이너, 후스, 끝으로 나. 놀랍게도 그는 자신이 시카고에서 왔고 낙태 합법화에 반대하는 변호사라고 소개했다. 그는 낙태 불법화를 위해 미국 대법원에서 사건을 맡고 있는데 휴가로 독일에 온 것이다! 우리는 어찌나 신이 났던지 우리가 무엇을 기도했고, 그가 여기에 있는 것은 독일에서 낙태가 다시 불법이 되리라는 하나님의 확증이라고 말할 때는 말까지 더듬었다. 우리는 이야기를 마친 뒤에 모두 독일을 위해, 서로를 위해 기도했다.

우리는 숙소로 돌아갈 차를 탈 필요가 거의 없을 정도였다. 우리는 무척 신이 나서 날아갈 것만 같았다! 훗날 독일에서 낙태는 불법이 될 것이다. 나는 하나님이 독일과 전 세계에서 정의를 세우려는 열정이 넘치는 새로운 세대의 개혁자와 혁명가들을 깨우고 계신다는 것을 알게 되어 안심이 되었다.

개혁의 불씨를 살리다

나는 세계 곳곳에서 모든 세대의 사람들과 대화를 나눌 기회가 있었다. 그들은 나이는 달라도 마음과 열정은 같았다. 그들은 하나님의 도구가 되어 모든 민족을 바꾸고 싶어 했다.

개혁자가 되려면 무엇이 필요한가? 이것은 마치 자전거를 타고 언덕을 오르는 것과 같다. 마음으로 변화의 필요를 분명히 알고 내가 무언가를 하기를 하나님이 원하신다는 것을 깨달으면서 서서히 힘을 모아 페달을 밟으면 된다. 대개 변화의 필요에 눈을 뜨는 계기가 있다. 마르틴 루터는 청년 시절 벼락이 치던 날에 에르푸르트로 가는 길에 이러한 계기가 있었다. 목적지만 달랐을 뿐 마치 바울이 다마스쿠스로 가는 길에 겪은 경험과 같았다. 1505년 7월 2일 루터가 스물한 살 때 일이었다.

집에서 겨우 몇 킬로미터 떨어진 곳에서 벼락이 바로 옆에 떨어지는 바람에 루터는 말에서 떨어져 굴렀다. 그는 울면서 청년 시절 지었던 죄를 회개하고 목숨만 살려 주신다면 사제가 되겠다고 하나님께 맹세한 것을 보면 틀림없이 초자연적 자각이 있었을 것이다. 루터는 자신의 약속을 지켰다. 1505년 7월 17일 그는 법률 대학교로 돌아가지 않고 그 지역의 수도회 일곱 중에 가장 엄격했던, 에르푸르트에 있는 아우구스티누스 수도회에 들어갔다.

루터의 결정으로 루터의 아버지는 격노했다. 아들을 법대에 보내느라 크게 희생을 치렀기 때문이다(그러나 루터가 훗날 종교위원회 앞에 섰을 때 법대 교육이 힘을 발휘했다).

 루터는 1507년 사제가 되었고 이듬해부터 비텐베르크 대학교에서 가르쳤다. 1512년 그는 신학 박사학위를 받았지만 자신이 가련하고 무가치한 죄인이라는 느낌을 떨칠 수 없었다. 1515년 그는 로마서와 갈라디아서로 강의를 시작했다. 그는 주제를 정해 연구하고 묵상하던 중에 한 구절로 요약할 수 있는 하나님의 계시를 받았다. "의인은 믿음으로 살 것이다"(롬 1:17).
 이 경험에 관해 마르틴 루터는 다음과 같이 글을 썼다.

> 마침내 밤낮 묵상한 끝에 하나님의 은혜로 나는… 하나님의 의가 의인이 기대어 사는 하나님의 선물 곧 믿음임을 이해하기 시작했다…나는 완전히 거듭나고 활짝 열린 대문을 통해 천국에 들어간 것만 같다.[4]

 마르틴 루터는 이 계시를 통해 예수님이 하신 일에 비하면 자신이 한 일은 아무것도 아님을 깨달았다. 이것이 세계를 바꿀 루터의 개인의 개혁이었다. 몇 달 뒤 루터는 캐슬 성당 정문에 95개조 반박문을 걸었다.
 그가 읽은 로마서는 그와 같은 젊은 변호사 사도 바울이 쓴 글로서 바울도 벼락과 같은 빛 앞에 무릎을 꿇은 사람이었다. 그는 예수 믿는 사람들을 포박해 예루살렘으로 끌고 올 권한이 자기에게 있음을 증명하는 서한을 들고 다마스쿠스로 가는 길에 빛줄기에 맞아 말에서 떨어지고 자신을 개혁하게 된다. 그는 예수님을 직접 만났고 자신이 잘못된 열정을 가지고 있다는 것을 깨달았다. 그는 후에 갈라디아 교인들에게 자신이 어떤 사람이었는지 고백했다. "전에 우리를 박해하던 그 사람이, 지금은 그가 전에 없애버리려고 하던 그 믿음을 전한다."[5]

내가 말하고 싶은 요점은 우리가 각자 개인을 개혁해야 한다는 것이다. 물론 첫걸음은 예수님께 사죄하고 예수님을 주님으로 모시는 것이다. 그러나 세상을 바꾸는 개혁자가 된 사람들은 내가 루터 박물관에 가서 체험한 것처럼 잘못된 것을 바로잡고 싶은 열망에 사로잡히는 계기를 만난다.

나는 오랫동안 개인의 차원에서만 잘못된 것을 바로잡는 일을 해야 한다고 느꼈다. 나는 굶주린 사람에게 먹을 것을 주고 다친 사람을 위해 기도했다(나는 지금도 이러한 일을 꾸준히 해야 한다고 믿는다). 모두 좋은 일이다. 그러나 나는 거시적 안목이 부족했다. 나는 세계관의 초점을 재조정해야 했다. 나는 그리스도인으로서 내 책임에 대해 생각을 개혁할 필요가 있었다. 내가 하나님의 말씀을 읽는 방식이 내 시야의 범위를 제한했던 것이다.

1985년 모든 민족이 치유될 수 있다는 하나님의 말씀을 들었을

---

4. "Martin Luther: Passionate Reformer," *Christian History and Biography* Web site, www.christianitytoday.com/history/special/131christians/luther.html (accessed February 26, 2007).

5. 갈라디아서 1장 23절.

때 나는 세계관이 변하기 시작했다.[6] 솔직히 말해서 나는 모든 민족이 아프다는 생각조차 하지 못했다. 내가 서구와 그리스의 사고방식에 바탕을 둔 세계관으로 교육을 받았다는 것이 문제였다. 그레코로만 즉 서구 세계관은 개인을 중심에 두며 자연과 초자연을 구분한다.

이 사상이 나의 행동에 어떤 영향을 주었을까? 나는 무엇보다 나라와 법과 사회를 돌보지 않고 경건하게 사는 것만으로 하나님께 책임을 다했다고 생각했다. 나는 개인주의 사고방식에서 벗어나지 못했다. 하나님은 개인뿐 아니라 민족을 생각하신다. 성경은 실제로 전체를 생각한다.

이 주제는 구약성경에 나타난다. 에덴동산에서 아담과 하와가 죄를 지었을 때 모든 인류가 타락했다(창 3:1-8). 조상의 죄가 후손에 영향을 주었다. 아간의 죄로 이스라엘군은 아이 성 전투에서 패배했다(수 7). 이스라엘의 예언자들은 가난한 자와 사회적 약자를 착취하지 말라고 동족을 꾸짖었다(암 5:7-15). 이스라엘은 전체가 포로가 되었다. 이 주제는 신약성경에도 나타난다. 신약성경은 우리가 개인이 아니라 그리스도의 몸의 지체라고 강조하고(고전 12) 우리에게 하나님 나라를 모든 민족에 나타낼 책임 있다고 가르친다.

세계관은 우리의 삶을 결정한다. 독일의 사회경제학자 막스 베버는 성공이나 가난의 정도와 신념 체계의 관계를 분석할 때 세계관에 관련된 용어를 썼다.[7] 우리는 성경을 통해 세계관을 정립해야 한다. 우리의 세계관은 성경적이어야 한다. 나의 세계관은 성경에 기록된 지상 명령을 읽었던 어느 날 크게 변했다.

> 그러므로 너희는 가서, 모든 민족을 제자로 삼아서, 아버지와 아들과 성령의 이름으로 세례를 주고, 내가 너희에게 명령한 모든 것을 그들에게 가르쳐 지키게 하여라. 보아라, 내가 세상 끝 날까지 항상 너희와 함께 있을 것이다.
>
> 마태복음 28장 19-20절

나는 이 본문을 읽다가 갑자기 "모든 민족을 제자로 삼아서"라는 구절에서 눈을 떼지 못했다. '잠깐! 개인이 아니었어?' 나는 평생 이 구절이, 가서 개인의 영혼을 구하라는 명령인 줄 알았다(나는 개인 전도가 전혀 필요하지 않다고 말하는 것은 아니다).

나는 사전을 펼쳐서 민족(nations)을 찾았다. 그리스어 어원이 에스네(ethne)였다. 또 다른 영어 단어 민족(ethnic)도 여기서 유래했다. 구약성경에서 이 단어에 대응하는 단어는 미쉬파하(mishpachah)이다. 이 단어는 대개 (종족이나 문중의) 가족으로 번역된다. 요점은 하나님은 우리가 태어난 사회적 관계와 문화적 배경에 관심을 쏟으신다는 것이

---

6. 중보기도로 민족을 치유하는 것에 관해 더 자세히 알고 싶다면 내가 쓴 《대적의 문을 취하라》(죠이선교회 펴냄) 2장을 중심으로 참고하라.

7. Max Weber, *The Protestant Ethic and the Spirit of Capitalism and Other Writings*, Peter Baehr and Gordon C. Wells, translators(New York: Penguin Books, 2002). 《프로테스탄티즘 윤리와 자본주의 정신》(동서문화사 펴냄).

다. 하나님은 우리가 사회에서 집단으로 행동하는 방식에도 관심을 기울이신다. 우리의 법제가 정의를 흘러가게 하는지 오히려 막는지, 다수에게 영향을 주는 결정을 우리가 어떻게 내리는지(정치) 살피신다. 구약성경 시대에는 문중, 씨족, 부족, 도시국가가 '민족'이었다. 그러나 오늘날은 주로 사회·정치 조직이 민족국가이다. 민족국가는 씨족과 부족과 도시국가의 결집력에 자주 맞서는 사회와 경제의 힘으로 이뤄진 거대한 집단이다. 나는 마태복음 28장 19절의 '민족'은 엄격히 겨레로 구별해야 한다고 주장하는 선교 문헌의 관점을 존중하지만 이 책에서는 오늘날 지도에 나타난 지정학적 국가도 민족에 포함시켰다.

나는 심장이 고동쳤다. 나는 성경 말씀을 계속 읽다가 "내가 너희에게 명령한 모든 것을 그들에게 가르쳐 지키게 하여라"라는 구절에서 멈췄다. '누구에게 무엇을 가르치란 말이지?' 나는 깊이 생각했다. 그러고는 깨달았다! 나는 이 깨달음으로 이 세상에 사는 개인으로서 나의 책임에 관한 관점이 바뀌었다. 나의 깨달음은 다음과 같다.

> 우리는 모든 민족을 제자로 삼아 하나님이 명령하신 모든 것을 지키게 가르쳐야 한다.

나는 이어서 생각했다. '그리스도인들이 한 민족을 제자로 삼아 하나님의 말씀으로 그 사회를 다스리는데 성공한 나라가 이 세상에 하나라도 있는가?' 그렇게 하려고 했던 나라들은 있었지만 성공한 나라는 없었다.

나는 생각에 사로잡혔다. 기독교는 이천 년 역사를 자랑한다. 수많은 그리스도인들이 마태복음 28장의 이 구절을 읽었다. 우리는 성령의 능력이 있는데 사회는 악화 일로에 있다. 무엇이 문제일까? 오늘날 지구에 20억이나 되는 그리스도인들이 있는데 죄와 가난, 질병의 큰 문제들이 여전히 만연하는 까닭이 무엇일까? 우리는 왜 이러한 문제들을 해결하지 못하고 있을까? 이러한 문제들이 아주 큰 문제인 것은 알지만 하나님은 이러한 문제들보다 훨씬 더 크시다!

솔직히 말하면 나는 이 책을 쓰면서 어떻게 하면 평범한 신자들이 자기 나라를 제자로 삼고 싶은 마음이 들게 할까, 스스로 개혁자가 되고 싶게 만들까가 가장 큰 고민이었다. 그리스도인들이 스스로 자신을 개혁하지 못하면 지상에서 정의를 실현할 수 없다.

우선 우리는 예수님이 열방을 돌보시듯이 자기 민족을 보살펴야 한다. 주님은 모든 민족을 사랑하신다. 그들은 주님이 지으신 사람들이다! 하나님은 사람이 굶주리는 것, 아기가 낙태되는 것을 보시면 마음이 아프시다. 이뿐 아니라 거시적 차원에서 하나님은 기아와 에이즈, 여러 가지 답답한 문제들의 해답을 아신다. 하나님은 우리와 함께 그 문제들을 해결하기를 바라시고 우리가 사회의 개혁자와 혁명가가 될 수 있는 길을 알려주신다.

우리보다 앞서 자신의 나라에 큰 영향을 끼친 선배들의 삶을 살펴보는 것이 가장 좋은 배움의 길이리라.

세상에 필요한 개혁자가 될 것인가?

1942년 독일에서는 히틀러가 전쟁과 정복에 대한 욕망으로 독일의 청년들을 피폐하게 만들고 있었다. 뮌헨대학교의 여대생 조피 숄(Sophie Scholl)은 뮌스터의 주교 클레멘스 갈렌(Clemens Galen)의 설교를 듣고 삶의 방향을 바꾸었다(역시 목사가 강단에서 불의에 맞서 담대히 선포하는 것이 중요하다!).

갈렌 주교는 제3국(Third Reich: 독일 나치 정권의 공식 명칭—역주)에서 새로이 등장한 안락사 정책을 비난했다. 히틀러는 부모나 가족이 승낙하지 않아도 정신지체자와 정신박약자를 안락사시켰다. 히틀러의 아리안족 우월주의 정책에 따른 결과였다. 히틀러와 수석 보좌관들은 정신병자와 발달장애자가 유럽의 '혈통'을 더럽힌다고 믿었다.[8] 'T-4' 작전으로 죽은 사람은 십만 명이 넘었다. 갈렌 주교는 이 선택 교배가 "하나님의 명령과 자연 법칙과 독일의 법제에 위배된다고 선언했다."[9]

조피와 오빠 한스는 이 안락사 정책을 듣고 기가 막혔다. 두 남매와 학교 친구들은 불법인 줄 알면서도 갈렌의 설교를 소책자로 만들어 뮌헨대학교 학생들에게 나누어 주고 싶었다.

독일 소녀단과 유겐트 단원이었던 조피와 한스 오누이는 전쟁이 중요한 국면에 들어설 때 히틀러와 나치즘에 환멸을 느꼈다. 그들은 알렉산더 슈모렐과 함께 히틀러 정권을 타도하는 저항의 글을 써서 전단지에 실었다. 한스(24세)와 알렉산더(25세)는 의대생이었고 조피(21세)는 간호대생이었다.

마흔아홉의 쿠르트 후버 교수와 또 다른 의대생 빌리 그라프, 위르겐 비텐스타인, 흐리스토프 프롭스트도 가담했다. 그들은 이 모임을 '백장미단'이라고 불렀다. 그들은 간디와 그 추종자들이 남아프리카공화국의 인도인 인종차별에 맞설 때처럼 비폭력저항으로 나치와 싸웠다. 그들은 통신문을 통해 독일의 민주주의를 회복하고 사회정의를 바로 세우자고 외쳤다.

백장미단의 단원 대다수는 독일군 출신으로 나치가 유대인을 학살하는 모습을 직접 목격한 사람들이었다. 그들은 저항 통신문에서 집단 처형과 강제수용소의 인권 유린을 자세히 소개했다. 물론 나치는 법으로 이러한 문서를 금지했다.

한스 숄은 복무할 때 경험한 일로 유대인이 부당한 대우를 받고 있다고 강조했다. 그는 젊은 유대인 여자가 군인의 지시로 참호를 파는 모습을 보고 나치에서 개혁자로 돌아서게 되었다. 그 순간 그

---

8. "The White Rose," The Shoah Education Project Web site, *www.shoaheducation.com/whiterose.html* (accessed March 5, 2007).

9. Annette E. Dumbach and Jud Newborn, *Shattering the German Night: The Story of the White Rose* (New York: Little, Brown, and Company, 1986), quoted in Vicky Knickerbocker, *Study Guide for Sophie Scholl: The Final Days* (Minneapolis: Outreach Coordinator at the Center for Holocaust and Genocide Studies, University of Minnesota, 2006), 4.

는 생각했다. '하나님의 은혜가 아니었으면 내가 또는 내 누이가 저 자리에 있었을지 모른다.' 한스는 그 여자에게 꽃 한 송이와 음식을 주었지만 거절당했다. 그 여자는 강제 수용소로 끌려가 죽을 것이 확실했다. 그는 이 일로 큰 충격을 받았고 의대로 돌아가서는 자신의 신앙과 목표에 전념했다.[10]

이 사건은 한스의 '다마스쿠스 도상의 회심'이었다. 그는 완전히 바뀌었다. 그 뒤 갈렌 주교가 말씀으로 도전했을 때 그는 침묵할 수 없었다. 소수의 급진적 신자들은 역사를 바꾸려고 했다.

그들은 우선 익명으로 통신문을 써서 독일 전역에 보냈다. 그들은 주말에 여러 지방을 다니며 전화부에서 이름과 주소를 수집했다. 주로 새로운 생각을 자유롭게 이야기할 수 있는 대학교 교수와 주점 주인들의 주소를 많이 모았다.

나치 군대가 스탈린그라드에서 패배했다는 소식이 들렸다. 독일군 수십만 명이 죽었다. 열여덟, 열아홉 소년들이 대다수였다. 독일군 약 9만 1,000명이 포로로 잡혔고 6,000명만이 독일로 귀환했다. 대다수는 러시아 강제 수용소에서 영양실조와 질병, 약품 부족으로 죽었다.[11]

나는 그 지역 목사들과 함께 산 위에 서서 러시아군과 독일군이 치열하게 싸웠던 곳을 직접 보았다. 러시아군은 맹렬하게 싸웠고 도시들은 무섭게 파괴되었다. 그들은 상상할 수 없을 정도로 많은 것을 잃었지만 어떻게 해서든지 독일군의 공격을 막았다.

백장미단의 리더 일곱은 독일군이 졌다는 소식을 듣고 전쟁을 끝낼 때가 왔다고 자신했다. 1943년 2월 4일과 8일, 15일 밤에 그들은 뮌헨 시 스물아홉 곳에 페인트로 나치 반대 구호를 적었다. 그들은 건물에 있는 갈고리십자를 지우고 구호를 적었다. "히틀러는 물러가라!", "집단 살육자 히틀러!", "자유! 자유! 자유!"

그들은 독일의 청년들이 히틀러가 세운 악의 정권을 전복할 수 있다고 진심으로 믿었다. 그들은 여섯 번째 통신문 〈저항군 동료들에게〉를 약 9,000부를 발행했다. 이 통신문은 후버 교수가 썼고 2월 16일과 18일에 발송했다. 통신문의 내용은 다음과 같다.

> 독일인은 무겁고 불안한 마음으로 스탈린그라드에서 죽은 전사자들을 바라본다. 제1차 세계대전 상등병[히틀러를 칭함]이 세운 전략에 의해 독일인 33만 명이 무자비하고 무책임하게 사지로 내몰려 목숨을 잃었다.…
>
> 이제 독일의 청년들이 일어나 압제자를 짓밟고 복수하지 않는다면 독일은 영원히 이 불명예를 씻을 수 없을 것이다. 학생들이여! 독일 국민이 그대에게 거는 기대가 크다.[12]

---

10. "The White Rose," The Shoah Education Project Web site.
11. "Battle of Stalingrad," *Wikipedia, the free encyclopidia*, updated February 28, 2007, http://en.wikipedia.org/wiki/Battle_of_Stalingrad (accessed February 28, 2007).
12. Society of the White Rose, "Leaflets of the Resistance," The Sixth Leaflet, www.jlrweb.com/whiterose/leafsixeng.html (accessed March 1, 2007).

게슈타포는 이러한 저항 운동의 주범을 찾으려고 혈안이 되었으나 단서를 잡지 못했다. 그들은 저항 운동이 성공하는 이유를 알지 못했다. 마침내 한스와 조피는 뮌헨 대학교의 어느 건물 3층에서 전단지를 뿌리다가 체포되었다.

1943년 2월 18일 나치는 조피 숄와 한스, 흐리스토프 프롭스트를 체포한 뒤에 일사천리로 움직였다. 나흘 뒤 반역죄 재판이 열렸다. 롤란트 프라이슬러 판사는 세 학생을 크게 꾸짖었다. 교양 있는 가정에서 자란 아이들이 제3국에 어떻게 이토록 끔찍한 일을 저지를 수 있는지 그는 이해하지 못했다.

법정에 있던 모든 사람은 판사의 질문에 대한 조피 숄의 대답을 듣고 깜짝 놀랐다. "결국 누군가는 시작해야 했다. 우리가 말하고 쓴 것은 여러 사람이 믿는 바이다. 그들은 우리처럼 표현할 용기가 없을 뿐이다." 조피는 나중에 덧붙였다. "당신은 독일이 전쟁에 진 것을 알지 않느냐? 용기를 내어 그 사실을 직시하라."[13]

조피와 한스 오누이의 부모 로버트 숄과 마그달레네 숄은 두 자녀를 변호하고 싶었다. 마그달레네는 경비원에게 "나는 피고의 어머니다"라고 말하고 법정에 들어가려고 했다. 그러나 경비원은 "그렇다면 어머니 노릇이라도 제대로 했었어야지"라고 말하고 입장을 막았다. 로버트 숄은 강제로 법정에 들어갔지만 경비원이 잡자 한스와 조피를 변호하려 왔다고 말했다. 판사는 그를 내쫓았으나 그는 모든 사람에게 외쳤다. "훗날 새로운 정의가 임할 것이다.⋯ 새로운 정의가 역사를 심판할 것이야!"[14]

나는 숄 부부가 겪었던 고통을 상상할 수가 없다. 나는 지금 서른과 스물여섯이 된 내 두 아이를 생각한다. 아, 그 비통함이란!

판사는 판결을 내렸다. 참수. 그 날 오후 형이 집행되었다.

스타델하임 감옥에서 대기하고 있을 때 조피와 한스는 간수의 허락을 받아 마지막으로 부모를 만났다. 남매는 용감하게 애정과 신념을 전했다. 한스는 친구들에게 안부를 전해달라고 부탁했다. 한 동안 말을 잇지 못했지만 곧 웃음을 띠었다.

조피의 마지막 방문은 무척 감동적이어서 리처드 한서(Richard Hanser)의《고귀한 반역》(A Noble Treason)의 한 대목을 소개한다.

> 그 뒤에 여자 간수가 조피를 들여보냈다.
>
> 조피는 평소대로 조금 큰 재킷과 파란 치마를 입고 있었고 환하게 웃었다. 어머니는 한스가 거절했던 사탕을 건넸다.
>
> "고마워요. 점심을 하나도 못 먹었거든요." 조피는 사탕을 받았다.
>
> 조피도 야위어서 몸집이 작아진 듯했지만 얼굴은 빛났고 웃음은 건강하고 자연스러웠다. 부모는 딸의 얼굴에서 승리자의 모습을 보았다.
>
> "조피야, 조피야." 어머니는 혼잣말처럼 딸의 이름을 중얼거렸다.

---

13. Jacob G. Hornberger, "The White Rose: A Lesson in Dissent," Jewish Virtual Library, *www.jewishvirtuallibrary.org/jsource/Holocaust/rose.html* (accessed February 28, 2007).
14. 같은 사이트.

"네가 저 문으로 다시는 돌아오지 못한다고 생각하면…" 조피는 다정하게 웃었다.

"아, 어머니. 몇 년만 참으시면…"

조피 숄은 확신과 자신이 있는 눈으로 부모를 보았다. "우리는 해야 할 일을 했어요. 다른 사람들도 우리를 따를 거예요."

어머니가 차분하게 말했다. "예수님만 생각해."

조피가 진지하고 당당하게 대답했다. "예. 어머니도요."

조피는 웃으며 부모를 떠났다. 그 웃음은 로버트 숄과 마그달레네 숄 부부가 무척 사랑했고 다시는 볼 수 없을 딸의 웃음이었다. 조피는 완벽하리만큼 침착했다. 로버트 모어(게슈타포 장교)는 일 때문에 감옥에 들렀다가 조피가 면회 직후에 감방에서 우는 것을 보았다. 로버트 모어는 조피가 우는 것을 본 적이 없었다. 조피가 말했다. "방금 부모님과 작별 인사를 했어요. 이해해 주실 거죠…" 조피는 부모 앞에서 울지 않았다. 웃기만 했다.[15]

23세의 청년 흐리스토프 프롭스트는 외로이 죽음을 맞았다. 식구들은 그가 죽는다는 것을 아무도 몰랐다. 아내는 셋째를 낳고 병원에 있었다. 가톨릭 신부가 그를 찾아가 세례를 주었을 때 크리스토프는 말했다. "나는 이제 기쁘고 홀가분하게 죽을 수 있습니다."[16]

세 사람은 짧은 면회를 한 뒤에 위엄과 승리를 간직한 채 죽었다. 목격자의 말에 의하면 조피는 단두대에 당당하게 올랐다. 한스는 목이 잘리기 전에 "자유여, 영원하라!"라고 외쳤다. 그의 호주머니에는 장미 한 송이가 있었다. 그 장미는 틀림없이 독일의 해방을 위한 그들의 싸움이 죽음을 초월할 것이라는 최후 진술이었다.

자유는 정말로 독일을 건졌다. 히틀러는 자살했고 무적의 제3국은 무너졌다. 세 청년의 굳센 신념은 나라를 흔들었고 서적과 매체를 통해 오늘날까지 전 세계에 영향을 끼친다.

히틀러의 비서였던 트라우들 융에는 전쟁이 끝난 뒤 조피 숄에 대해 듣고 나치에 충성했던 자신의 행동을 후회했다.

> 하루는 프란츠 요세프 거리에 있는 조피 숄 기념관을 지나가다가 히틀러에게 맞섰던 그 어린 소녀가 나와 나이가 같고 내가 히틀러를 위해 일하기 시작한 해에 처형된 것을 알았다. 그 순간 나는 나이가 어리다는 것이 변명거리가 되지 못한다는 것과 그때 무슨 일이 일어나고 있었는지 알 수도 있었겠다는 것을 깨달았다.[17]

자유를 위해 싸우다

나는 비텐베르크를 방문하고 나서 라이너에게 백장미단에 관해

---

15. Richard Hanser, *A Noble Treason: The Revolt of the Munich Students Against Hitler* (New York: G.P. Putnam's Sons, 1979), 279-80.
16. Hornberger, "The White Rose."
17. Traudl Junge, *Blind Spot: Hitler's Secretary*, DVD, directed by André Heller and Othmar Schmiderer (Culver City, CA: Sony Pictures, 2002).

들었다. 그가 백장미단의 일화를 소개한 뒤에 백장미를 사서 집회에 참석한 교인들에게 나누어 주자고 제안했을 때 나는 우리가 독일을 개혁할 청년 그리스도인들의 새로운 운동을 일으키기를 하나님이 바라신다는 것을 알았다. 집회가 열리던 사우스스타 교회는 히틀러가 군교회로 사용했던 오래되고 아름다운 대성당을 빌려 썼다. 히틀러는 이곳에서 젊은 병사들에게 자신과 제3국에 목숨을 바쳐 충성하라고 명령했다. 그날 밤 나는 독일의 낙태 합법화를 뒤집어엎자고 말한 뒤에 백장미를 나누어 줄 수밖에 없음을 알았다.

나는 설교를 마치면서 백장미 한 송이를 들고 말했다. "누가 조피 숄과 한스 숄의 뒤를 이어 이 나라에서 하나님의 새로운 운동을 일으키겠습니까?"

그 아름답고 오랜 대성당에 벼락이 떨어진 것 같았다. 우리는 히틀러가 전쟁욕과 인종차별주의로 한 세대를 더럽힌 그 자리에 서서 새로운 운동이 탄생하는 것을 보았다. 감정 표현이 부족해서 '게르만 오크'(German Oaks)라고 부르는 어른들이 앞으로 몰려나와 백장미를 들고 눈물을 흘렸다. 청년과 여자들도 마찬가지였다.

달콤한 정의가 아닌가? 나는 하나님이 구름떼와 같은 수많은 독일인 증인들이 천국의 발코니에서 그날 밤 일어난 일을 보게 하셨는지 궁금하다. 나는 독일의 마지막 개혁자 루터가 독일을 개혁했을 때보다 두 배나 더 많은 기름부음이 새로운 개혁자들에게 임할 것을 확신한다.

하나님은 더 많은 개혁자를 찾고 계신다. 당신도 나서지 않겠는가?

개혁자의 기도

오, 하나님,
나를 사용해 열방을 바꾸소서.
나를 사용해 내 나라를 바꾸고 개혁하소서.
주님께 나를 바칩니다.
예수님 이름으로 기도합니다.
아멘.

서명 _____

날짜 _____

제 2 장

세대의 연합

나는 친구들과 함께 독일 헤른후트의 어느 언덕 위에서 세찬 바람을 맞으며 서 있었다. 그들이 둘러서서 기도했다는 곳에 우리가 서 있다는 것이 믿기지 않았다. 나는 모라비아 교도들이 100년 동안 기도를 했다는 유명한 일화를 오래 전부터 들었다. 내가 서 있던 곳이 바로 그 기도가 시작된 마을이었다. 이번 방문은 하나님의 일정에 따른 것이지 내가 계획하지 않은 것이었다. 이 또한 하나님이 내 영혼에 넣으신 개혁 퍼즐의 한 조각이었다.

우리는 폴란드에서 열리는 대회에 참석하려고 가는 길에 유럽 다섯 나라를 여행하다가 체코공화국의 수도 프라하에 들렀다. 리 앤이 조안나와 나에게 말했다. "폴란드에 가는 길에 헤른후트에 가지 않을래?" 우리는 잠시 기도한 뒤에 소리쳤다. "그래, 가자!"

우리는 모라비아 교도의 직계 후손의 안내를 받아 떠났다.

헤른후트 마을은 1722년 반종교개혁의 박해를 피해 찾아든 모라비아 출신의 후스파 난민들이 세웠다(그래서 그들을 모라비아 교도라고 부른다). 헤른후트는 '주님이 보호하시는 곳'이라는 뜻이다. 이 땅은 니콜라우스 루드비히 진젠도르프 백작의 소유였다. 그 당시 22세였던 그는 난민들에게 피난처를 제공했다.

진젠도르프는 이 땅을 외할머니 폰 게르스도르프에게서 구입한 다음 세 친구와 함께 형제회(Band of Four Brothers)를 만들고 이 땅의 한 곳에 베르텔스도르프 마을을 세웠다. 세 친구의 이름은 베르텔스도르프의 목사 요한 안드레아스 로테, 괴를리츠의 목사 멜히오르 쉐퍼, 어릴 적 친구 프리드리히 폰 바테빌이다. 그들은 자주 만나서 함께 기도하고 공부했고 지역사회의 부흥을 위해서 성경, 신앙서적, 전도지, 찬송가를 인쇄해서 많이 배포했다.

진젠도르프는 형제단을 만든 뒤에 가족을 데리고 헤른후트로 거처를 옮겼다. 모라비아 교도들이 그의 삶에 찾아든 때는 이렇게 비옥한 시기였다. 그러나 고향의 박해에서 벗어난 모라비아 교도들은 내부에서 분란과 싸움이 일었다. 그들은 박해를 받은 탓에 극단적 성향을 보였고 사사건건 시비를 가렸다. 한번은 진젠도르프와 로테에게까지 등을 돌리고 두 사람이 말세의 짐승과 거짓 선지자라고 비난했다.

진젠도르프는 하나님의 사람이었기 때문에 이러한 분란에 의연히 대처했다. 마침내 1727년 5월 12일 마을 주민들은 그리스도인의 복된 연합에 관한 진젠도르프의 설교를 듣고 전환점을 맞았다. 그들의 회개로 부흥이 일었다. 1727년 여름 마을 주민들의 마음은 성령님에 의해 다시 하나가 되었다. 그러나 하나님은 부흥 하나로 만족하지 않으셨다. 8월 초 진젠도르프와 모라비아 형제 열넷은 밤을 새워 대화하고 기도했다. 그 뒤 8월 13일 그들에게 "성령이 폭포처럼 임하셨다. 모라비아 교도들의 오순절이었다."[1] 이것을 경험한 뒤에 그들은 세상을 바꾸었다.

그해 여름 모라비아 교도들에게 부흥이 일어났기 때문만이 아니라 그들이 부흥을 자신의 문화와 정치의 일부로 만들었기 때문에 개혁은 가능했다. 8월이 끝나기 전에 남자 24명과 여자 24명이 하루에 한 시간씩 일주일 내내 번갈아 기도하기로 서약했다. 이 '중보기도'는 백 년 동안 끊이지 않고 이어졌다(헤른후트 방문은 내 삶에 아주 큰 영향을 끼쳤다!). 그 당시 하나님이 그들에게 주신 중요한 말씀은 레위기 6장 13절이다.

> 제단 위의 불은 계속 타고 있어야 하며 꺼뜨려서는 안 된다.

그 결과 모라비아 교도들은 세상에서 유일무이한 공동체로 성장했다. 하나님은 진젠도르프와 함께 하셨고 이들은 금욕주의에 빠지지 않고 가족생활에 바탕을 둔 반수도원 공동체로 변모했다. 그들은 마을을 이루어 농부와 장인으로 함께 살고 함께 일했다. 이 마을은 하나님이 세우신 마을이었고 이 마을에서 시작된 하나님의 빛은 전 세계를 비추었다.

독신남자들은 모임을 결성해 하나님이 무엇을 명하시든지 순종하기로 서약했다. 1731년 진젠도르프 백작은 기독교로 개종한, 세인트 토마스 섬 출신의 노예였던 아프리카인을 만났다. 그 아프리카인은 덴마크 왕궁에서 자기 동포를 가르칠 선교사들을 보내달라고 부탁했다. 이 소식을 들은 헤른후트의 공동체는 신속하게 움직였다. 젊은 도예가 레오나르드 도버와 목수 데이비드 니치만이 부름에 나섰다. 현대 선교의 아버지는 윌리엄 캐리라고 말하는 사람이 많지만 유럽 대륙을 떠나 문화가 다른 나라에 복음을 전하고 캐리에게 세계 선교의 꿈을 심어준 최초의 개신교 신자들은 모라비아 교도이다. 모라비아 교도들은 무슨 일이든지 기도로 시작하고 기도에 집중하고 기도로 일했다. 복음은 개혁을 불렀고 개인과 집단이 어둠에 붙들린 나라들은 모라비아 교도가 시작한 선교운동의 결과로 빛줄기를 만났다.

기도와 봉사의 유산

나는 헤른후트에서, 선교지에서 돌아온 모리비아 선교사들이 안치된 묘지를 보여 달라고 부탁했다. 내 친구 제임스 골이 미리 그 묘지에 관해 말해주었다. 망루가 서 있는 언덕에 친구들과 함께 섰을

---

1. A.K. Curtis, "A Golden Summer," *www.zinzendorf.com/agolden.htm* (accessed April 19, 2007). 이 글은 Christian History Institute의 〈Glimpses〉에 처음 실렸다.

때 나는 내가 이곳에 온 것이 하나님의 섭리임을 깨달았다. 나는 어느 순간 내가 크게 변할 것임을 감지했다.

내 친구 크리스천 윈터는 백 년 동안 기도를 멈추지 않았던 모라비아 교도의 후손이다. 우리는 그의 안내를 받으며 설명을 들었다(그는 가족과 함께 주님의 부름을 받아 헤른후트에 살면서 24시간 중보기도의 전통을 잇고 있다). 그는 남녀가 따로 묘지에 묻혔다고 설명했다.

줄지어 서 있는 묘석에는 국명이 있었다. 수리남, 트리니다드, 그 밖의 여러 나라들. 나는 진젠도르프의 무덤 앞에서 눈물을 흘리고 말았다. 주님의 임재를 강하게 느꼈다. 이곳은 거룩한 땅이었다.

우리는 묘지를 걷다가 어떤 묘석 앞에서 다시 멈추었다. 나는 크리스천에게 물었다. "여기는 누구 무덤인가요?"

"외국에 나간 선교사들의 자녀들 무덤입니다." 아이들의 묘석에도 국명이 있었다. 크리스천이 덧붙였다. "선교사들은 자녀가 여섯 살이 되면 여기 학교로 보냈습니다. 어떤 아이들은 그 뒤로 부모를 못 만나기도 했어요. 그 때문에 삐뚤어진 아이들도 있었지만 선교사가 되어 부모가 일했던 나라로 떠나는 아이들이 많았습니다." 그 말은 내 안에서 크게 울렸다. 나는 하나님의 손길을 느꼈다. 하나님의 목적과 사랑이 내 영혼 깊숙한 곳에 자국을 남겼다.

나는 십대 소년들이 선교사가 되어 배를 타고 떠난 이야기를 들었다. 부모는 자녀를 다시는 만나지 못한다는 생각에 슬피 울었다. 소년들은 부모들에게 소리쳤다. "엄마, 아빠, 울지 마세요! 우리는 어린 양과 십자가를 위해 가는 거예요!"

십자가와 어린양. 나는 그 이야기를 들으면서 메시지를 전할 힘을 얻었다. 급진적 제자들이 성경의 혁명적 원칙으로 열방을 제자로 삼을 때 모든 민족은 개혁될 수 있다. 그날 신앙 선배들의 삶은 나를 사로잡았고 내 삶은 영원히 바뀌었다.

모라비아 교도의 모든 행동은 세 가지로 요약할 수 있다. 제임스 골은 이 세 가지를 《잃어버린 중보기도》(The Lost Art of Intercession)에 담았다.

1. 그들은 서로 연합하고 영적 공동체를 이루고 희생하며 살았다.
2. 끊이지 않았던 기도의 힘은 잃어버린 영혼에 대한 구령의 거룩한 열정을 낳았다. 그들 가운데 여럿은 남미의 수리남과 같이 폐쇄된 사회에 복음의 빛을 비추려고 스스로 노예로 팔리기까지 했다. 모라비아 교도들은 버진 제도 세인트 토마스의 노예들에게 복음을 전한 첫 선교사들이다. 그들은 라플란드와 아이슬란드, 아프리카의 여러 나라에도 갔다.
3. 세 번째 요소는 그들의 생활신조에 잘 나타난다. "기도하는 사람이 없으면 일하지 않는다." 그들은 공동체로서 끊임없이 기도하며 주님의 일을 하기로 서약했다. 그들의 기도는 100년 동안 1년 365일 하루 24시간 내내 이어졌다.[2]

---

2. Jim W. Goll, *The Lost Art of Intercession* (Shippensburg, PA: Destiny Image, 1997), 3-4.

중보기도와 사역의 결합은 우리 세대가 배워야 할 것이기 때문에 자세히 살펴볼 것이다. 이는 오늘날 24/7 기도운동으로 다시 등장하고 있다. 이러한 형태의 중보기도는 매우 중요해서 한 장을 할애해 중보기도가 나라를 개혁하는 데 얼마나 중요한지 다룰 것이다.

또 다른 퍼즐 조각

나는 헤른후트에서 느꼈던 감격을 신나게 말하는 통에 프라하 방문이 예정에 없었던 일임을 앞에서 말하지 못했다. 그 당시 나는 이 책의 집필에 관해 기도하고 있었고 프라하 방문은 내가 몰랐던 개혁에 이르는 길의 일부였다.

프라하는 굉장한 도시였으나 존 후스(John Huss) 동상이 있는 광장에 도착할 때까지 나는 이 도시의 역사에 관해 거의 몰랐다. 나는 동상 아래에 있는 현판을 읽고 나서야 모라비아 교도들에게 영감을 주고 자신의 가르침 때문에 스스로 순교자가 된 사람이 존 후스였음을 알았다. 나는 호기심이 일었다. 이 개혁자는 누구였을까?

존 후스는 보헤미아(지금은 체코공화국)의 개혁자로 알려진 인물이다. 그는 사람들이 성경을 모국어로 읽어야 한다고 가르쳤기 때문에 이단으로 몰렸다. 그 전에는 성직자만 성경을 읽는 것이 허용되었다. 성경도 라틴어로 번역된 성경이었다. 후스는 존 위클리프의 글을 읽고 크게 영향을 받았다. 위클리프도 사람들이 모국어 성경을 읽어야 한다고 믿었다. 오늘날 우리는 성경을 모국어로 읽어야 한다는 생각이 그토록 혁명적 사상이었던 까닭을 알기가 어렵다.

후스는 지성인이었고 대학의 학장이었다. 그는 귀족과 평민에게 인기가 많았다. 오늘날 리더들은 말한다. 인기는 쉽게 사라지는 것이니 정상에 섰을 때 과신하지 말라. 당신을 좋아하던 사람들이 하루아침에 당신을 십자가에 못 박을 것이다. 어떻게 그럴 수 있냐고? 예수님께 물어보라!

존 후스는 성경을 더 연구할수록 교회가 건강한 성경적 믿음에서 얼마나 멀리 벗어나 있는지 깨달았다. 그가 가장 참을 수 없었던 교회의 관행은 백 년 뒤에 마르틴 루터가 비난했던 면죄부를 사서 심판을 면하는 일이었다. 다시 말하면 돈을 내면 죄를 용서받고 연옥에 있어야 하는 시간을 줄일 수 있다. 그뿐 아니라 친구와 친척들이 이미 죽었어도 돈을 내면 그들의 천국행을 보장받았다. 물론 오늘날 그리스도인들은 누가 이런 말도 안 되는 것을 믿었을지 의심이 들겠지만 우리는 성경을 모국어로 읽을 수 있기 때문에 진리를 아는 것이다!

후스는 시간이 지날수록 말과 글에 급진성을 더했다. 그는 베들레헴 교회에서 라틴어가 아닌 체코어로 교인을 가르쳤다. 1403년 그가 일했던 대학교는 위클리프의 마흔다섯 논문에 관해 그가 쓴 책을 금서로 지정했다. 교수와 직원들은 후스의 저작에 이단의 꼬리표를 달았고 그에게 참된 교리로 돌아올 것을 요청했다. 그러나 그는 이미 진리로 변화되었고 거짓에 굴복할 수 없었다. 그는 그들의 요청에 다음과 같은 글을 보냈다.

> 내가 장작더미에 올라간다 해도 나는 신학 교수들의 권고를 받아들일 수 없다.[3]

그 당시 로마의 평의회는 성경 번역가 위클리프를 비난하고 그가 쓴 책을 불태워 없애라고 명령했다. 200권이 압수되어 분서되었다. 아울러 존 후스가 했던 모국어 설교는 모두 금지되었다. 이를 어기는 사람은 극한의 대가를 치러야 했다.

이후 박해의 불길은 더욱 거세졌고 후스는 망명생활을 했다. 후스는 계속 글을 썼고 교회의 기반은 베드로가 아니라 그리스도라고 주장했다. 아우구스티누스도 《철회》(Retractions)에서 이와 동일한 주장을 펼쳤다.[4]

스위스 콘스탄츠에서 열린 평의회에서 박해는 배신으로 둔갑했다. 평의회는 후스를 소환했고 신성로마제국의 지기스문트 황제는 후스의 안전을 보장했다. 후스의 친구들은 음모라고 경고했지만 후스는 황제를 믿었다. 불행하게도 친구들의 예측이 옳았다. 황제는 이단자를 보호했다는 비난을 받는 것이 두려워 약속을 지키지 않았다. 콘스탄츠에 도착한 후스는 쇠고랑에 묶여 73일 동안 감옥에 갇혔다. 면회는 금지되었고 감옥의 음식은 형편없었다. 후스는 나이가 많았고 감방의 상태는 열악했기 때문에 위독한 병에 걸려 고통을 크게 당했다.

1415년 6월 5일 첫 재판이 열렸다. 후스는 성경의 가르침에 어긋난 죄만 따지라고 요구했고 자기가 잘못한 것이 있으면 잘못을 기꺼이 인정하겠다고 말했다. 그러나 그는 위클리프의 가르침을 지지하고 변호했다는 혐의로 재판을 받았다. 그가 말한 적도 가르친 적도 없는 일도 포함되었다.

1415년 7월 6일 그는 사형 선고에 맞서 외쳤다.

> 오, 하나님과 주님, 당신께서 공의로운 재판관으로서 우리의 본이 되시어 우리가 심히 박해를 받을 때마다 하나님 앞에 당신의 대의를 내려 놓으셨다고 평의회는 하나님의 역사와 율법조차 이단으로 정죄합니다.[5]

주교 여섯은 후스의 성직복을 벗기고 악마의 그림으로 도배된 높다란 모자를 눌러 씌웠다. 그들은 후스를 파문하고 그의 영혼을 악마에게 내어주었다.

주교궁으로 끌려간 그는 그곳에 쌓인 장작더미를 보고 자신이 죽을 곳이라고 생각했다. 그들은 장작에 불을 놓고 그가 쓴 책들을 던져 넣었다.

그들은 후스에게 강제로 그 장면을 보여준 뒤에 또 다른 장작더미

---

3. "John Huss," *www.greatsite.com/timeline-english-bible-history/johnhuss.html* (accessed April 20, 2007).

4. David L. Brown, "John Huss," *http://logosresourcepages.org/History/huss_b.htm* (accessed April 20, 2007)

5. "John Huss," *www.greatsite.com/timeline-english-bible-history/johnhuss.html* (accessed April 20, 2007).

가 있는 광장으로 끌고 갔다. 그들은 준비해 둔 피치와 타르를 묻힌 옷을 그에게 입히고 쇠사슬로 목과 다리를 묶어 나무에 몸을 고정시켰다. 그들은 뜨거운 불에 후스를 태울 심산으로 턱 밑까지 짚을 쌓았다. 존 위클리프가 직접 쓴 원고에 붙은 불이 짚으로 옮겨 붙었다. 후스는 노래했다. "그리스도여, 살아계신 하나님의 아들이여, 나를 긍휼히 여기소서." 그는 마지막 숨을 거두면서 예언했다. "너희는 지금 거위 한 마리를 태우지만(보헤미아말로 후스는 거위를 뜻한다) 100년이 지나면 너희는 태우지도 끓이지도 못하는 백조를 만날 것이다."[6] 약 100년 뒤 1517년 마르틴 루터는 그 유명한 99개조 반박문을 비텐베르크 캐슬 성당 정문에 붙였다. 존 후스의 예언이 이루어졌다.

개혁의 삶

몇 년 전 하나님은 우리 부부가 펜실베이니아 시골 마을을 지나갈 때 나의 개혁적 사고를 맞추는 세 번째 퍼즐 조각을 주셨다. 우리는 베들레헴 바로 옆 도시 앨런타운에서 사역하고 있었다. 베들레헴 근처에는 나사렛이라는 작은 마을이 있었다. 요단천이 앨런타운을 가로질렀다. 이 지역의 지명은 온통 성경에서 따왔다.

나는 차를 타고 가다가 모라비아 교도들이 헤른후트에서 이주해 이곳에 정착했다는 친구의 말이 갑자기 떠올랐다. 나는 생각했다. '이것이 내 여정의 또 다른 일부가 되지 않을까?' 나는 신이 나서 이 지역에 모라비아 박물관 같은 것은 없는지 친구 마릴린에게 물었다.

마릴린은 언제나처럼 활기차게 대답했다. "아, 베들레헴에 하나 있어."

나는 소리쳤다. "베들레헴으로 갑시다!" 우리 부부는 젊은 친구 로라와 함께 모라비아 교도의 베들레헴 정착에 관해 배우는 모험을 떠났다.

나는 박물관에 들어서면서 내 눈을 의심했다! 진젠도르프 백작의 모라비아 교도들이 이곳에 와서 마을을 세운 뒤 인디언들에게 복음을 전하고 흑인 노예들을 보살폈다니. 그들의 역사는 놀라움 그 자체였다. 그들은 1740년 영국의 위대한 전도자 조지 휫필드의 초대를 받아 조지아에서 (베들레헴에서 약 6킬로미터 떨어진) 나사렛에 처음 도착했다. 휫필드는 흑인 고아를 위한 고아원을 짓고 싶었다.

여러 해 전 그들이 영국을 떠나올 때 두 청년 존 웨슬리와 찰스 웨슬리도 같은 배를 타고 있었다. 항해 중에 큰 폭우를 만났는데 모라비아 교도들은 겁을 내지 않고 한자리에 모여 하나님을 찬양하고 예배하는 것이었다. 존 웨슬리는 목사였지만 그 당시에는 거듭나지 않았다. 그는 모라비아 교도들이 죽음을 눈앞에 둔 상황에서도 평정심을 잃지 않는 모습을 보고 충격을 크게 받아 과연 '마음에서 우러나는 믿음'이 어떤 것인지 알고 싶었다. 존은 영국으로 돌아온 뒤에 모라비아 교도 피터 볼러의 도움으로 마침내 예수 그리스도를 개인으

---

6. John Foxe, *Foxe's Book of Martyrs*, www.everydaycounselor.com/archives/sh/hus2.htm (accessed April 20, 2007).

로 만나게 된다. 존은 이 체험을 하고 나서야 대각성으로 알려진 영국의 대부흥을 일으키기 시작했다. 이것이 감리교 운동의 시작이다.

박물관의 기록에 따르면 모라비아 교도들은 이주할 때 진젠도르프의 후원을 받았다. 그들은 신대륙 미국으로 가는 배를 타기 전에 식량을 충분히 준비하고 체력을 길렀다. 미국에 정착한 뒤에는 돈을 벌어 선교 사역을 후원했다.

나는 진젠도르프가 대서양을 건너 미국까지 영향력을 끼쳤다는 것을 알고는 놀랐다. 그도 자신의 대부 필립 야콥 슈페너(Philipp Jakob Spener)의 영향을 크게 받았다. 슈페너는 경건주의 운동의 아버지다. 진젠도르프의 아버지는 아들이 태어나고 6주 뒤에 죽었기 때문에 진젠도르프의 성장에 대부의 역할이 컸다. 슈페너는 비텐베르크에서 신학 교수로 일하는 동안 핍박을 받다가 잘못을 264가지나 했다는 이유로 1695년에 해임되었다. 그는 죽을 때까지 박해를 받았다.

이 영적 가계의 기름부음은 한 세대 뒤 젊은 진젠도르프에게로 흘러갔다. 그도 마르틴 루터와 같이 법률 공부를 하고 외교관이 되었다. 진젠도르프의 경건한 외할머니 카타리나 폰 게르스도르프 역시 외손자의 성품과 삶에 영향을 주었다. 세대 간의 조화와 흐름은 무척 중요하다. 오늘날도 여러 세대가 서로 연합하고 서로 배우기를 쉬지 않는 것이 중요하다.

진젠도르프는 십대 시절 겨자씨 선교회를 세웠다. 젊은 귀족의 신분을 이용해 복음을 전하는 것이 목적이었다. 진젠도르프는 성인이 된 뒤에 덴마크의 왕, 캔터베리 대주교, 파리의 대주교와 같이 영향력 있는 인물을 회원으로 영입해 선교회에 활력을 더했다. 나는 주님이 시장과 사업을 중요하게 여기신다는 점에서, 재산이 막대한 청년이 재물과 영향력을 이용해 세상을 바꾼 이 일에 마음을 빼앗겼다.

모라비아 교도들은 헤른후트에서 건너온 젊은 부부 32명이 지낼 기숙사를, 독신남녀를 위해서는 '자매의 집'과 '형제의 집'을 나사렛에 세웠다. 아울러 모라비아 선교사들의 미망인을 위해 '미망인의 집'을 지었다(나는 우리도 이렇게 살아야 한다고 말하는 것은 아니지만 모라비아 교도들이 공동체를 이루어 살았던 방식에는 배울 점이 있다고 생각한다). 그들은 그 뒤에 베들레헴으로 옮겨 갔다.

모라비아 교도들은 공동체를 세우는 일에 무척 능해서 그들이 하는 일을 보려고 사람들이 많이 몰려왔다. 그 당시 국회의원이었고 나중에 미국 대통령이 된 존 아담스도 이곳을 찾았다. 존은 아내 아비가일에게 베들레헴에 관해 편지를 썼다. 그가 쓴 편지를 보면 모라비아 교도들은 공동체 생활을 바탕으로 재산을 공유했다.

모든 사람은 이 마을을 중심으로 개인의 이익보다 공동체의 유익을 위해 일했다. 모두 어린 아이처럼 각자 배울 일을 맡아서 견습공이 되었다. 이와 같이 그들은 식량과 포목에서 보건과 주물까지 공동체의 필요를 채우려고 자신이 맡은 일에 최선을 다했다. 그들은 찬양을 좋아하는 사람들답게 악기도 잘 만들었다. 그들은 처음에 돈을 받는 대신에 생존에 필요한 모든 것을 물건으로 받았다. 진젠도르프 백작이 사망한 1760년 무렵 그들은 이 관행을 버리고 임금을 받기 시작했다.

나는 음악을 하기 때문에 모라비아 공동체의 여러 중요한 행사 때마다 연주를 했던 트롬본 연주가들의 이야기에 매료되었다. 예를 들면 누군가가 죽으면 연주가들은 지붕에 올라가 이웃의 죽음을 공동체에 알리는 음악을 연주했다.

그들은 유명한 화가와 작곡가들도 배출했다. 그러나 그들이 현대 사회에 가장 크게 기여한 것은 학년별 초등교육 제도이다. 모라비아 교도 코메니우스가 도입한 그림책은 또 다른 교육 혁신이었다. 그는 모라비아 공동체의 일원은 아니었지만 그들에게 영향을 주었다. 미전도 종족에게 파송할 선교사를 훈련하는 언어 학교도 중요한 기관이었다. 교육은 한 나라의 정신을 개혁하고 재건하는 데 무척 중요하기 때문에 아무리 강조해도 지나치지 않다. 이상이 거룩한 나라의 기능을 이해하는 열쇠다.

모라비아 교도들은 목적이 있는 사회를 세웠다. 그들은 이기심과 일상과 안녕을 초월해 살았다. 그들은 하나님이 주신 열정으로 흑인과 인디언의 구원을 위해 힘썼다. 그러나 그들은 개인의 구원에 머물지 않고 교육과 개발로 사회를 개혁했다. 그들은 참으로 통합된 사회를 최초로 세웠다. 그들의 마을에서 인종차별은 찾아볼 수 없었다.

형제부족 델라웨어족과 모히칸족을 비롯해 난티콕족과 쇼니족을 대표하는 인디언 사절단이 모라비아 공동체를 방문한 적이 있다. 선교사로 미국에 온 모라비아 교도들과 인디언들이 약조를 맺는 이야기에는 인디언 추장이 "갈색 형제들과 백색 형제들"이 하나가 되었다고 거듭 이야기하는 장면이 나온다.

모라비아 교도는 말과 행동이 일치하는 그리스도인들이었다. 그들은 굶주리는 인디언들을 방문해 식량을 주었다. 원주민들은 이로써 그리스도의 사랑을 체험하고 예수님을 구주로 영접했다.

모라비아 교도들은 완벽하지 못했고 그들이 세운 사회도 오래가지 못했지만 그들이 한 일은 하나님 나라 역사에 한 획을 그었다. 그들은 크게 조명을 받지 못했지만 그들의 문화와 선례는 오늘날 우리에게 큰 교훈을 준다. 열방의 개혁가들에게는 두말할 것도 없다.

진리의 일치

오늘날보다 통신이 훨씬 덜 발달했던 세계에서 수백 년의 간격이 있는데도 이 이야기들은 닮은 점이 많아서 흥미롭다. 예를 들면 루터는 후스의 글을 읽었을 리가 없는데도 후스가 반대했던 일에 똑같이 반대했다. 루터는 면죄부 판매에 반대했고 모든 사람이 읽을 수 있게 성경을 일상어로 번역하는 일에 찬성했다. 성경을 독일어로 번역한 일은 루터의 가장 큰 업적이다. 루터의 성경 번역은 구텐베르크의 인쇄술에 힘입어 일반인도 성경을 읽을 수 있게 했다. 루터 성경은 현대 독일어 변화에 큰 영향을 주었고 독일 문학의 표지로 인정받는다. 1534년판은 윌리엄 틴데일의 번역뿐 아니라 흠정역에도 큰 영향을 주었다.[7]

어떤 책이 후스와 루터와 진젠도르프에게 똑같이 영향을 주었을까? 단연코 성경이다. 그들은 생명과 경건에 관한 모든 것의 기본이 되는 성경을 읽고 하나님과 진리를 굳건히 믿게 되었다. 성경은 개혁의 토대이고 오늘날 개인, 문화, 국가 개혁의 기반이다.

세 사람은 남들보다 특출한 면이 있어서 위대한 것이 아니다. 루터는 여느 사람과 같았고 말년에는 유대인을 미워한 나머지 악의로 글을 썼다. 이 점은 변명의 여지가 없지만 하나님은 루터를 크게 쓰셔서 우리는 지금도 그에게 감동을 받는다. 그가 하나님의 말씀에 순종했을 때는 크고 강한 개혁이 일어났고 순종하지 못했을 때는 여느 사람처럼 실수했다. 우리는 믿음의 선배들처럼 하나님의 말씀을 깊이 읽고 순종해야 한다.

우리는 개혁자로서 선배들의 어깨 위에 서 있음을 반드시 알아야 한다. 그들은 진리의 개척자로서 대가를 혹독히 치렀다. 그 덕분에 우리는 오늘날 자유롭게 말씀에 순종하며 살게 되었다. 그래서 각 세대들은 관계로뿐 아니라 지식으로 통해야 한다. 우리는 다른 사람들이 걸었던 길을 알아야 한다. 그래야 그들이 다져간 기반 위에 설 수 있고 실수를 반복하지 않게 된다.

나의 멘토 피터 와그너는 하나님이 성경을 통해 백성에게 계시하시는 것을 새롭게 열고자 했기 때문에 무거운 대가를 치렀다. 어느 날 나는 잡지에서 글의 절반은 그가 교회 성장에 관해 쓴 책을 비난하고 나머지 절반은 그가 가르친 영적 전쟁에 관해 힐난하는 기사를 보았다. 그는 이런 글을 읽으면 웃음이 나오고 기자가 자기 이름을 제대로 썼는지 확인한다고 나에게 말한 적이 있다! 그는 성경의 가르침에서 벗어나지 않으려고 조심하는 반면에 사람들에게 인기가 없더라도 하나님이 성경에 계시하신 것이라면 위험을 감수하더라도 목청을 높인다.

어느 날 나는 그가 설교 중에 '혁신의 확산'에 관해 설명하는 것을 듣고 궁금해서 전화를 걸었다. "아, 그 내용은 《영적 전투를 통한 교회성장》(Confronting the Powers, 이 책은 기도와 영적 전쟁에 관한 피터의 초기 저작이다)에 나오지요." 그 날 오후 그는 나에게 책을 보냈다. 개혁 과정에서 일어나는 일에 관해 그가 알려준 내용은 다음과 같다.

> 사회 과학자들은 "혁신 이론의 확산"에서 새로운 개념이 사회에 등장할 때마다 일어나는 과정을 예측할 수 있다고 설명한다. 혁신가가 새로운 개념을 내면 네 가지 반응이 차례로 따른다. (1) 초기 적응자(early adopters) (2) 중기 적응자(middle adopters) (3) 후기 적응자(late adopters) (4) 비적응자(non-adopters)이다. 이 반응은 일반 사회와 마찬가지로 기독교 사회에서도 일어난다. 혁신가 로버트 레익스(Robert Raikes)가 교회주일학교를 제안했을 때 사방에서 비난이 강하게 빗발쳤다는 사실을 기억하는 사람은 오늘날 많지 않다. 내가 이 말을 하는 이유는 우리 세대에서 주일학교를 반대하는 교회 리더를 만나기가 드물기 때문이다. 가장 치열한 논란은 초기 적응자 기간

---

7. "Martin Luther," *Wikipedia, the free encyclopedia*, updated April 20, 2007, *http://en.wikipedia.org/wiki/Martin_Luther* (accessed April 20, 2007).

에 일어나기 마련이다. 오늘날 전략적 영적 전쟁이라는 개념도 이 기간에 해당한다.[8]

피터 와그너는 오랫동안 목사로 일하면서 패러다임의 전환을 몇 차례 겪었다. 그것을 전부 알려면 그가 쓴 70여 권의 책을 모두 읽어야 할 것이다. 그는《영적 전투를 통한 교회성장》에서 존 윔버(John Wimber)와 팀을 꾸려 능력 전도에 나섰던 일에 관해 설명한다.

1980년대 나와 존 윔버는 능력 전도와 치유, 기적, 축사를 가르친다고 비난의 뭇매를 맞았다. 이러한 가르침에 강하게 반대하는 목소리는 이제 거의 들을 수 없다.[9]

나는 피터 와그너와 같이 모진 비난을 받은 적은 없지만 돌아보면 영적 전쟁, 예언, 여성 사역자와 같은 몇 가지 개념이 초기 적응자 기간에 어떤 비난을 받았는지 기억한다. 현재 이러한 운동은 대부분 중기에서 후기 적응자 단계를 거치고 있다. 물론 아직도 이러한 개념을 받아들이지 않는 사람도 있고 반대하는 사람도 있다.

길버트 빌지키언(Gilbert Bilezikian)은 모든 사람이 개혁자가 되어야 한다고 강조한다.

각 세대의 모든 그리스도인은 현미경을 보듯이 성경을 통해 이 세상의 가치와 관행을 검토하여 우리가 쉽게 빠지는 죄를 물리쳐야 하고, 예수님이 우리를 위해 갈보리 언덕에서 큰 희생을 치르고 값 지게 얻으신 자유를 굳건히 지켜야 한다.[10]

후스와 루터, 모라비아 교도들의 시절과 같이 오늘도 하나님은 모든 세대의 신자들에게 연합하여 성령님께 귀를 기울이고 박해받는 것을 두려워하지 말고 담대히 종교적 관행을 버리라고 말씀하신다. 우리는 성경에서 전혀 찾을 수 없는 전통을 지키려고 하나님이 하시는 일이 생소하다는 이유로 거부할 때가 많다. 어떤 사람들은 하나님께 순종하는 것보다 교회 안에서 자신의 지위와 힘을 내세우는 것을 더 좋아한다. 그들은 사회와 사람을 바꾸시는 하나님 편에 서지 않고 종교심으로 율법주의 편에 선다. 이러한 종교심은 비열하고 때로는 치명적이다. 이것 때문에 길과 진리와 생명을 따르는 일을 포기할 수는 없다.

나는 어느 날 내 아버지와 나눈 대화를 생각한다. "아빠, 내가 믿었던 사실이 틀렸다는 것을 알게 되면 어떻게 해야 해요?" 아버지는 빙긋이 웃었다. 그 웃음은 언제나 내가 세상에서 가장 중요한 사람이라고 말하는 웃음이었다. "애야, 진리를 찾는 일을 겁내지 마라. 진

---

8. C. Peter Wagner, *Confronting the Powers* (Ventura, CA: Regal Books, 1996), 32. 《영적 전투를 통한 교회성장》(서로사랑 펴냄).

9. 같은 책, 32-33.

10. Gilbert Bilezikian, *Beyond Sex Roles* (Grand Rapids: Baker, 1985), 214, quoted in David Cannistraci, *The Gift of Apostle* (Ventura, CA: Regal Books, 1996), 86.

리를 찾으면 잃어버리지 않아." 정말로 훌륭한 충고였다. 나는 하나님이 새롭게 일하실 때마다 용감하게 초기 적응자가 되었다.

두려움은 혁신가를 불구로 만든다. 모든 사람이 두려움을 느끼지만 우리는 세상을 바꿀 책무가 있기에 겁이 난다고 도망갈 수가 없다. 우리는 언제나 사랑으로 진리를 말하고 하나님이 우리 마음에 주신 성경적 확신을 지켜야 한다.

우리는 앞선 개혁자들이 남긴 큰 발자취를 따른다. 우리 각자도 후세가 따를 유산을 남길 것이다. 나는 내가 좋은 유산을 남기길 바란다. 당신도 그럴 것이라고 믿는다.

제 3 장

민족을 제자로 삼으라

　이런 세상을 상상해 보라. 자녀에게 시청 지도를 할 필요가 없어서 안심하고 TV를 켤 수 있다. 난폭한 범죄는 거의 일어나지 않는다. 인터넷은 검열할 필요가 없다. 대도시에 사는 사람에게 "이 도시는 우범지대가 어디입니까?"라고 물으면 "우리 도시에는 그런 곳이 없습니다. 어디나 안전합니다"라고 대답한다. 빈민가에서도 할아버지와 할머니가 밤에 강도를 만날 위험이 없이 개를 데리고 산책할 수 있다. 정부의 사회복지 기관은 교회와 종교단체의 활동 덕분에 할 일이 없어 문을 닫는다. 조직 폭력과 총기 사고, 노숙과 마약 밀매는 모두 자취를 감춘다.

　누군가가 "지상낙원이네요"라고 말하면 나는 대답할 것이다. "아닙니다. 주님의 가르침으로 제자가 된 나라입니다."

첫 단락을 읽을 때 당신은 심장이 뛰었는가? 이러한 나라를 보고 싶다는 열망이 생겼는가? 나는 내가 사는 도시가 이렇게 되기를 진심으로 바란다. 그러나 이것이 정말로 가능한 일일까? 그리스도가 오시기 전에는 불가능한 일이 아닐까? 나는 세상의 죄악이 모두 사라질 것이라고 말하지 않는다. 그러나 이 세상에도 범죄가 거의 없는 지역이 있듯이 나는 우리가 하나님의 능력으로 도시를 제자로 삼으면 도시를 바꿀 수 있다고 믿는다. 하나님을 존중하는 사회와 하나님을 모르거나 무시하는 사회가 어떻게 다른지 보라.

어떻게 하면 현실을 뒤집고 하나님이 바라시는 판을 짤 수 있을까? 이것이 가능한 일이기는 할까? 이제 성경을 펼쳐 놓고 함께 생각해 보자. 내가 제1장에 소개한 모든 민족을 제자로 삼는다는 개념은 그리스도가 마지막으로 당부하신 지상 명령에서 나오지 않았다. 이 개념은 에덴동산에서 시작되었다.

하나님의 처음 계획

에덴동산은 하나님이 계획하신 질서가 가득한 아름다운 곳이었다. 온 우주가 하나님의 법에 따랐다. 첫 부부 아담과 하와는 하나님의 형상과 목적에 따라 창조되고 세상을 위임받았다.

> 생육하고 번성하여 땅에 충만하여라. 땅을 정복하여라. 바다의 고기와 공중의 새와 땅 위에서 살아 움직이는 모든 생물을 다스려라.

창세기 1장 28절

우리는 하나님의 형상으로 창조된 사람들로서 오늘날도 이와 같은 목적과 책무가 있는가? 하나님의 명령은 철회된 적이 없으니 우리는 똑같은 목적과 책무가 있다. 타락한 후에도 변하지 않았다. 인류를 향한 하나님의 본래 목적은 결코 변하지 않았다.

하나님의 형상으로 창조되었다는 것에는 정부의 특징이 나타난 포괄적 의미가 있다. 이 정부는 왕과 왕이 임명한 섭정으로 구성된다. 《넬슨 뉴킹제임스 스터디 성경》(Nelson's New King James Version Study Bible)에는 하나님의 형상으로 지음 받은 우리 존재를 통찰하는 글이 있다.

> 고대에는 황제가 제국의 먼 지방에 자신의 동상을 세우기도 했다. 황제는 자신의 동상을 통해 자신이 그 지방을 지배한다는 것을 나타냈다. 하나님은 당신이 세상을 다스린다는 뜻으로 사람을 세상에 두셨다. 우리는 하나님의 주권을 세상에 나타내는 존재이다. 하나님의 섭정답게 세상을 다스려라.[1]

나는 이 글을 읽으면서 생각했다. '우리는 왜 이 목적을 이루지 못

---

1. *Neson's New King James Version Study Bible* (Nashville: Thomas Nelson, 1997), 5, 저자가 강조.

했을까?' 오늘날 세상을 보면 우리는 땅에 충만하지도 정복하지도 다스리지도 못하고 있음을 알 수 있다. 히브리서 2장 5-9절도 시인한다. 그와는 반대로 세상에는 가난, 폭력, 질병, 노숙, 기아, 그치지 않는 전쟁 등 여러 가지 문제가 가득하다.

땅에 충만하고 정복하고 다스리라는 창세기의 명령은 하나님이 우리뿐 아니라 세상도 사랑하심을 말한다. 하나님은 세상을 구원하기를 바라신다. 요한복음 3장 16절에 기록되어 있다. "하나님께서 세상을 이처럼 사랑하셔서 외아들을 주셨으니." 하나님은 세상 곧 코스모스(kosmos)를 무척 사랑하셨다. 테이어는 《테이어 헬라어 사전》에서 이 뜻을 "적절한 계약 또는 법령"으로 풀었다. 우리는 이 구절을 지옥에서 구원받는 것으로만 해석한다. 그러한 뜻도 있지만 심판을 면하는 것만이 구원은 아니다. 구원은 하나님이 창조세계 즉 세상 자체를 사랑하심을 뜻한다. 그렇지 않다면 "하나님께서 인류를 이처럼 사랑하셔서 외아들을 주셨으니"라고 기록되었을 것이다.

우리는 예수님이 구원의 복음이 아니라 하나님 나라의 복음을 강조하셨다는 것을 알아야 한다. 예수님은 "회개하고 구원을 받으라" 또는 "하나님이 너희를 사랑하시고 너희를 위한 놀라운 계획을 가지고 계신다"라고 가르치지 않으셨다. 처음부터 "회개하여라. 하늘 나라가 가까이 왔다"라고 선포하셨다(마 4:17). 예수님은 새로운 종교로 개종하라고 말씀하지 않으셨다. 사람들을 새로운 나라로, 새로운 정부로, 새로운 왕에게 초대하셨다. 주님은 사람들에게 땅에서 하늘을 살라고 초청하셨다. 성경이 기록한 주님의 첫 설교를 다시 읽고 주님이 오신 이유를 살피자.

> 주님의 영이 내게 내리셨다.
> 주님께서 내게 기름을 부으셔서,
> 가난한 사람에게 기쁜 소식을 전하게 하셨다.
> 주님께서 나를 보내셔서,
> 포로 된 사람들에게 해방을 선포하고,
> 눈먼 사람들에게 눈 뜸을 선포하고,
> 억눌린 사람들을 풀어 주고,
> 주님의 은혜의 해를 선포하게 하셨다.
> 이 성경 말씀이 너희가 듣는 가운데서 오늘 이루어졌다.
>
> 누가복음 4장 18-19, 21절

예수님은 하나님 나라가 가난한 사람, 정신과 마음에 병이 든 사람, 몸이 아픈 사람, 눈먼 사람, 정의를 찾는 사람을 돌볼 것이라고 직접 말씀하셨다. 주님이 교회만 세우신 것이 아니다. 주님은 천국의 새로운 정부의 모습을 설명하셨다.

예수님은 사람들이 변하는 것보다 나라들이 변하는 것을 더 바라셨다. 주님은 하나님의 백성과 자신을 구세주로 인정하는 사람이라면 누구나 어둠의 왕국에서 건져 내어 빛의 왕국으로 구원하기를 바라셨다. 주님은 정치와 사회, 종교 등 사람의 정의를 하나님의 정의로 대체하기를 바라셨다. 주님은 시저의 권세를 뒤엎기보다 로마 제국을 하나님 나라에 맞아들이기를 바라셨다.

하나님은 세상을 지으시고—하나님은 창조세계를 여전히 사랑하신다—우리를 세상의 청지기로 삼으셨다. 우리는 이 땅에서 하나님의 섭정이며 대사이다. 바꾸어 말하면 하나님은 세상을 너무나 사랑하셔서 우리 개인을 구원하실 뿐 아니라 당신이 창조한 세상의 제도도 구원하셔서 창조의 본래 뜻대로 돌려놓기를 바라신다. 환경도 예외가 아니다. 우리는 지구와 모든 생명체를 맡은 청지기이기 때문이다.

하나님 나라의 삶

오늘날 여러 나라의 시장과 직장에서 새로운 운동이 일어나고 있다. 하나님의 사람들이 성경의 원칙에 따라 사업을 한다. 법률, 정부, 부동산, 과학을 비롯한 사회의 여러 기관의 리더들도 하나님의 부름을 받아 자기 분야에서 하나님의 교훈을 실천한다.

코람 데오(coram Deo)는 개혁의 중요한 개념이다. 모든 생명이 "하나님의 앞에서" 산다는 뜻이다. 바꾸어 말하면 성과 속의 구별이 없다는 말이다. 일요일에 교회에서 회개할 일을 월요일에서 토요일 사이에 만들지 않는다. 그 대신 우리는 항상 교회에서 사는 것처럼 생활한다. 예배하는 방법만이 매일 바뀔 뿐이다. 일요일에는 하나님을 찬양하고 설교를 들으면서 예배하고 목요일에는 직장에서 일을 하고 사람을 대하는 방식으로 예배한다.

성령님은 패러다임을 깨뜨리는 두 가지 혁신적 성경 말씀으로 제자 삼기, 가르치기, 청지기로서 일하기가 무엇인지 말씀하신다. 첫째, 예수님은 제자들에게 기도를 가르치셨다. 우리는 이 기도를 주님의 기도라고 하지만 정확히 말하면 제자의 기도이다.

나는 기도를 연구하면서 민족을 제자로 삼는 개혁자의 길에 들어섰다. 나의 첫 책《대적의 문을 취하라》는 중보기도에 관한 책이다. 나는 사역하는 내내 성경을 펼쳐서 기도를 공부했다. 나는 첫 책을 쓸 때 주기도문에서 땅을 다스리라는 하나님의 명령과 중보기도가 연관이 있음을 제대로 알지 못했다. 주님의 기도는 개인의 기도가 아니라 공동체의 기도이다.

> 하늘에 계신 우리 아버지,
> 그 이름을 거룩하게 하여 주시며,
> 그 나라를 오게 하여 주시며,
> 그 뜻을 하늘에서 이루심 같이,
> 땅에서도 이루어 주십시오.
> 오늘 우리에게 필요한 양식을 내려 주시고,
> 우리가 우리에게 죄 지은 사람을 용서하여 준 것 같이
> 우리의 죄를 용서하여 주시고,
> 우리를 시험에 들지 않게 하시고,
> 악에서 구하여 주십시오.
> 나라와 권세와 영광은 영원히 아버지의 것입니다. 아멘

마태복음 6장 9-13절

나는 강한 힘이 느껴지는 주기도문을 연구하면서 생각했다. '나는 하나님의 뜻이 이 땅에서 이루어지게 기도해야 한다는 것을 정말로 알고 있는가?' 또한 '지금 이 땅에서 이루어질 하나님의 뜻은 무엇인가?'

하나님 나라는 장차 올 것이다. 그러나 성경은 하나님 나라의 현재성을 말하기도 한다. 오늘날 이 땅에서 무엇을 할 수 있을까? 오늘 임하는 하나님 나라는 어떤 나라일까? 나는 그리스도를 믿는 신자로서 이 땅에서 내가 할 일을 이해하는 데 급진적이고 개혁적인 변화를 겪으리라는 점을 거의 몰랐다.

나는 마태복음 6장 9-13절을 연구한 뒤에 주기도문은 개인뿐 아니라 온 민족을 제자로 삼는 개혁자의 중보기도임을 깨달았다. 우리가 하나님 나라의 도래와 하나님의 뜻이 이루어지기를 기도한다면 하나님 뜻을 실현할 방법도 배워야 한다.

나는 주기도문을 읽을 때 갑자기 이런 생각이 들었다. '이 기도가 부분으로 지금 이 땅을 위한 기도라면, 하나님을 주님으로 모시는 일이 가정의 일일 뿐 아니라 도시와 나라의 일이라면 이 기도의 나머지 부분도 같은 맥락에서 이해해야 할 것이다. 이 기도는 개인을 위한 기도일 뿐 아니라 모든 민족을 위한 중보기도이다.'

나는 이와 같은 생각을 하면서 주기도문을 한 줄씩 공부했다.

하늘에 계신 우리 아버지,
그 이름을 거룩하게 하여 주시며.

《테이어 성경 사전》에 의하면 거룩하게 한다는 말은 "거룩하고 신성하다고 말하다, 또는 부정한 것에서 구별하여 하나님께 바치다"라는 뜻이다. 간단히 말하면 "아버지, 당신의 이름이 거룩합니다"라는 말이다. 이 말이 참되기 때문에 성경적으로 추론하면 "하나님, 우리 삶의 모든 영역에서 아버지의 이름이 거룩히 여김을 받으십시오. 우리 동네에서, 우리 도시에서, 우리 사회에서 하나님의 이름이 거룩합니다"라는 뜻이다.

"오늘 우리에게 필요한 양식을 내려 주시고"는 큰 의미에서 전 세계의 기아를 해결하고 굶주린 사람에게 식량을 공급할 방법을 알려 달라는 요청이다. 이와 같은 일은 거룩하고 정의로운 일이다. 우리가 하나님의 지혜를 구하면 하나님은 우리를 도우실 것이다.

죄 용서를 구하는 기도는 언제나 남에게 돈을 빌려야 하는 가난의 굴레에 묶인 빈민의 빚을 청산하는 하나님의 경제 계획에 순종하겠다는 다짐일지 모른다. 빚지면 빚쟁이의 종이 될 뿐이다(잠 22:7).

사실 이 전제는 그 범위가 무척 방대해서 주기도문에 나타난 법률, 정부, 경제, 교육을 비롯한 여러 가지 천국 문제들에 대한 신자의 책무에 관해서는 장별로 길게 살펴볼 것이다.

이 땅을 위한 하나님의 뜻은 무엇인가?

우리가 "하나님의 뜻을 이루어 주십시오"라고 기도한다면 성경에 나타난 하나님의 뜻이 무엇인지 알아야 하지 않을까? 주님은 제자들에게 하신 마지막 명령에서 하나님의 뜻 한 가지를 분명히 알리셨다. "가서 모든 민족을 제자로 삼아 가르치라"(마 28:19-20). 이 말씀은 이렇게 바꿀 수 있을 것이다. "가서 네 안에 계신 예수님을 모든 민족에게 전하라."

어떤 사람은 간단히 물을 것이다. "예수님은 오늘날 우리가 겪는 문제를 어떻게 생각하시고 어떻게 해결하실까?" 그러나 나는 같은 질문을 더 강하게 고쳐서 묻고 싶다. "성육신하신 구세주를 우리가 어떻게 사회에 전할 것인가?"

성육신의 동의어는 다음과 같다. 통합, 포괄, 합일, 현시, 조직화. 바꾸어 말하면 하나님 나라를 어떻게 사회 곳곳에 세울 것인가이다. 하나님의 지혜와 정의가 우리의 직장, 가정, 일상뿐 아니라 정부와 법률, 교육의 제도와 통합된다면 어떻게 될까?

하나님의 말씀을 사회 정의―이를테면 굶주린 사람을 먹이고 미혼모를 돌보는 일―에 체계로 적용한다면 말씀이신 예수 그리스도의 성육신은 모든 상황에 나타날 것이다. 사회의 각 영역에서 그리스도의 성육신이 나타날 때 모든 민족은 제자가 될 것이다. 간단히 말하면 하나님은 우리의 모든 생각, 계획, 행동에 하나님의 말씀과 임재가 머물기를 바라신다. 그러면 모든 일이 '하나님 앞에서' 하나님이 가르치신 대로 이루어질 것이다. 우리는 예수님이 재림하실 때 하나님 나라가 올 것을 알지만 하나님 나라를 지금 실현해야 한다.

나는 지금 이때 하나님 나라가 중요하다는 것과 내가 해야 할 일이 있다는 것을 깨달은 뒤에 하나님 나라의 법칙을 더 알려고 매일 새로운 흥분을 느끼며 성경을 공부하기 시작했다. 그때 매우 중요한 구절 하나가 내 가슴을 파고들었다.

> 이 하늘 나라의 복음이 온 세상에 전파되어서, 모든 민족에게 증언될 것이다. 그 때에야 끝이 올 것이다.
>
> 마태복음 24장 14절

"이 하늘 나라 복음이 온 세상에 전파되어서"라는 구절이 내 영혼에서 울렸다. 나는 지금까지 우리가 구원의 복음을 온 세상에 전하고 모든 사람이 복음을 듣게 될 때 예수님이 오신다고 생각했다. 그러나 성경 말씀은 달랐다. 성경은 우리가 하늘 나라 복음을 전하고 있어야 한다고 말한다. 바꾸어 말하면 강단에서 복음을 믿으라고 초청하는 것이 아니라 새로운 정부 곧 지상의 하나님 나라로 사람들을 안내하는 것이다. 나는 내 책무가 더 크다는 것을 알았다.

두 성경 본문 마태복음 24장 14절과 6장 9-13절에 기록된 제자의 기도는 신자에게 어려운 과제를 안긴다. 게다가 모든 민족을 제자로 삼으라는 마태복음 28장 18-20절 말씀을 더하면 놀라운 패러다임의 전환을 겪을 수밖에 없다. 나는 신자가 지상에서 해야 할 책무를 완전히 새롭게 정의했다. 우리는 전도의 책무뿐 아니라 하나님의 뜻이 "하늘에서 이루어진 것 같이" 지상에서도 이루어야 한다.

나는 새로운 질문이 잇달았다. "이것이 사실이라면 우리는 하나님 나라 복음을 어떻게 전해야 하는가? 모든 민족을 제자로 삼아 가르친다는 의미가 정확히 무엇인가? 열방을 제자로 삼고 하나님의 사랑으로 사랑하려면 실제로 어떻게 해야 하는가?"

나는 내가 사는 도시에 구원의 복음이 퍼지면 사회 구조가 바뀔 것이라고 믿었다. 나는 신자의 수가 늘어나면 정부와 문화가 더욱 거룩해질 것이라고 믿었다. 예를 들면 신자가 아주 많은 도시에는 가난과 부패가 드물 것이라고 믿었다.

그러나 나는 하나님께 배우면서 내가 사는 도시를 생각했다. 나는 텍사스 주 댈러스 포트워스에 산다. 댈러스 포트워스는 그리스도인이 아주 많은 도시로 유명하다. 우리가 댈러스로 오기 전에 사역했던 콜로라도스프링스도 마찬가지다. 그러나 두 도시에는 빈민가가 있고 미국에서 규모가 비슷한 다른 도시들처럼 시 당국은 윤리적 문제에 시달린다. 그리스도인이 아주 많이 있지만 두 도시는 여전히 제자가 되지도 않았고 주님의 가르침에 따르지도 않는다.

이유가 무엇일까? 무엇이 문제일까?

어떤 지역에 그리스도인이 많을수록 그 지역의 영적 기후에 영향을 주는 것이 마땅할 것 같지만 현실은 그렇지 않다. 왜 그럴까? 두 가지 이유가 있다. 첫째, 신자들이 하나님 나라의 삶을 살지 못하고 있고 하나님 나라를 세우는 책무를 소홀히 한다. 둘째, 하나님의 뜻이 자유롭게 흐르는 도시를 만드는 성경 법칙을 모른다.

거룩한 민족과 거룩한 도시

하나님의 뜻이 아낌없이 이루어지는 곳이 어떤 곳인지 다시 한 번 상상해 보라. 하나님의 자녀들 안에 있는 빛으로 영적 어둠이 물러가고 기도가 지체 없이 응답되고 하나님의 복은 나무에 달린 열매처럼 손을 내밀어 거두기만 하면 된다. 그리스도의 몸이 살아서 움직이고 치유가 모든 사람의 몸과 감정과 정신과 영혼을 만진다. 종교의 자유는 분명히 보장될 것이지만 모든 사람이 지혜와 양심과 사랑의 그리스도인들을 존경할 것이다.

그러나 그리스도인들이 성경보다 문화의 영향을 더 많이 받기 때문에 이러한 일은 일어나지 않는다. 예를 들면 과거 교회의 부패 때문에 미국 그리스도인들은 정교를 분리하는 것이 바람직하다고 생각한다. 그러나 역사상 가장 무서운 범죄는 정교가 일치한 국가에서 생기지 않았다. 오늘날조차 미국에서 공공장소에서 종교를 표현하는 문제에 관해 목소리를 가장 크게 내는 사람은 무신론자들이다. 민주주의 국가에서 소수가 다수를 통제하게 내버려두는 셈이다. 그리스도인들은 대개 정치 참여에 소극적이다. 미국은 그 대가를 치르고 있다. 우리는 하나님의 지혜보다 사람의 지혜를 구하여 불경건의 열매를 거두고 있다.

우리는 세계관을 급격하게 바꾸어야 한다. 각자 자기 나라에서 혁명적 개혁자가 되고, 모든 민족을 제자로 삼는 일을 다시금 우리의 책무로 여겨야 한다. 세속 문화에서 하늘 나라의 패러다임으로 전환하는 과정에 꼭 필요한 성경 말씀은 모두 신구약 성경에 있다.

> 그러나 여러분은 택하심을 받은 족속이요, 왕과 같은 제사장이요, 거룩한 민족이요, 하나님의 소유가 된 백성입니다. 그래서 여러분을 어둠에서 불러내어 자기의 놀라운 빛 가운데로 인도하신 분의 업적을, 여러분이 선포하는 것입니다. 여러분이 전에는 하나님의 백성이 아니었으나, 지금은 하나님의 백성이요.…
> 사랑하는 여러분, 나는 나그네와 거류민 같은 여러분에게 권합니다.… 그렇게 해야 그들은 여러분더러 악을 행하는 자라고 욕하다가도, 여러분의 바른 행위를 보고 하나님께서 찾아오시는 날에 하나님께 영광을 돌릴 것입니다.
>
> 베드로전서 2장 9-12절

> 이제 너희가 정말로 나의 말을 듣고, 내가 세워 준 언약을 지키면, 너희는 모든 민족 가운데서 나의 보물이 될 것이다. 온 세상이 다 나의 것이다. 그러므로 너희는 내가 선택한 백성이 되고, 너희는 나라는 나를 섬기는 제사장 나라가 되고, 너희는 거룩한 민족이 될 것이다.
>
> 출애굽기 19장 5-6절

출애굽기는 누구에게 하신 말씀이었는가? 한 무리의 노예들이다. 그들은 노예였을 뿐 아니라 위로 삼대가 모두 노예였다. 하나님의 백성은 400년 동안 노예로 지냈다. 법을 만들고 자립하고 스스로 생각하는 법을 그들이 알았을까? 당연히 몰랐다. 그들은 노예였다. 그들은 평생 다른 사람이 시키는 대로만 움직였다. 그런데도 하나님은 새로운 종교를 믿으라고 그들을 부르지 않으셨다. 새로운 민족이 되고 새로운 나라를 세우라고 부르셨다.

그래서 하나님은 그들이 이집트에서 나온 뒤에 거룩한 민족이 되는 '방법'을 가르치셨다. 교육, 경제 제도뿐 아니라 정부, 입법, 사법 제도의 틀을 주셨다. 예를 들면 신명기 1장 9-15절과 출애굽기 18장은 각 부족에서 리더를 뽑아 천부장, 백부장, 오십부장, 십부장으로 삼는 대의제를 설명한다.[2] 하나님의 백성이 하나님의 제도에 순종했더라면 노예의 나라는 세상에서 가장 풍요로운 나라가 되었을 것이다.

이것이 오늘날 우리에게 의미하는 바가 무엇일까? 로마서 11장 16-24절은 우리가 아브라함의 자손으로 접붙임을 받아 그 자손이 받을 혜택을 모두 누린다고 말한다. 핵심은 하나님이 아브라함의 자손을 거룩한 민족으로 부르셨다는 사실이다. 그리스도인도 아브라

---

2. 란다 콥(Landa Cope)에게 감사한다. 란다는 하나님이 사회의 각 영역에 대한 계획을 하나님의 백성에게 알려주신다는 성경의 개념을 나에게 처음 소개했다. 남아프리카공화국에서 열린 세계선교대회에서 이런 생각을 나누어 주고 나를 이 길로 이끌어 준 란다에게 존경과 고마움을 전한다.

함의 자손이다. 오늘날 우리가 지상에서 어떻게 거룩한 민족으로 살 수 있는가? 나는 지금부터 이 질문에 대답하면서 감격스럽게도 이것이 가능하다는 것을 설명할 것이다.

교회들도 서로 연합하지 못하고 과거에 종교적 정부가 잘못을 많이 했기 때문에 거룩한 민족이 되는 것은 불가능한 일로만 보인다. 우리는 지금도 십자군의 잘못을 만회하려고 애쓰지 않는가! 당신은 의문이 들 것이다. "우리가 어떻게 거룩한 민족으로 연합해서 하나님의 나라와 하나님의 뜻을 실현할 수 있는가?"

어떤 사람들은 이 글을 읽으면서 "당신 말은 그리스도인들이 독재를 하자는 것인가?"라고 생각하고 당혹할지 모른다.

아니다. 무력으로 열방을 제자로 삼자는 말이 아니다. 우리가 영적 혁명을 일으켜 스스로 바로 서자는 말이다. 정의로운 개혁자는 거룩한 민족 세계관을 가지고 열방을 제자로 삼는 책무를 소홀히 여기지 말아야 한다.

여러 리더들은 모든 민족을 제자로 삼으라는 성경의 명령을 이해하려고 힘쓴다. 그들은 이 개념에 힘입어 자국에서 하나님 나라를 실현한다. 사실 하나님은 전 세계 지도자들에게 나라를 개혁하려는 열망을 주셨다. 그 열망은 변화를 일으킨다.

성경에 등장하는 개혁의 예

성경에는 훌륭한 본보기가 되는 개혁자들이 등장한다. 젊은 요시야 왕이 그 중 하나이다. 나는 그를 좋아한다. 그는 겨우 여덟 살에 왕이 되었다. 성경은 그의 삶을 이렇게 요약한다. "요시야는 주님께서 보시기에 올바른 일을 하였고"(왕하 22:2).

나는 사회를 개혁하고 민족을 제자로 삼으려고 준비하는 정치가, 교육자, 과학자, 의사, 변호사 가운데 젊은 사람들이 많이 있다는 것을 알기 때문에 요시야의 이야기에 강하게 끌린다. 하나님은 요시야를 선택하셨듯이 오늘날 성령으로 내일의 리더들을 선택하신다.

나는 당신을 위해 요시야 왕의 이야기를 현대 상황에 맞게 각색한다.

> 요시야 왕이 스물여섯이 되었을 때 하나님은 그에게 성전을 수리하라고 말씀하셨다. 하나님은 그에게 경비로 쓸 돈이 얼마나 있는지 알아보라고 하셨다. 요시야 왕은 성전 리모델링에 쓸 돈이 얼마나 있는지 확인하려고 두 신하를 보냈다. "공사할 사람들에게 그 돈을 주거라."
>
> 두 신하가 성전에 도착했을 때 담임 목사(대제사장)가 사반(두 신하 중 하나)에게 "하나님의 성전에서 율법책을 발견했습니다!"라고 말했다.[3]
>
> 사반은 중요한 문서를 필사하고 낭독하는 일을 맡은 서기관(오늘날의 변호사 또는 국회 보좌관)으로 율법책을 들고 요시야 왕에게 큰 소리

---

3. 이 율법책은 모세오경이다. 유대인은 구약 성경의 첫 다섯 권을 '토라'라고 부른다.

로 읽었다.

왕은 이스라엘 나라가 하나님을 얼마나 멀리 떠났는지를 깨닫고는 슬퍼하고 애통했다! 왕은 그 당시 상을 당한 사람의 관습에 따라 옷을 찢었다. 하나님의 법에 불순종했을 뿐 아니라 주님의 심판을 받을 위험에 처한 나라의 왕이었기 때문에 요시야 왕은 애통했다.

이 젊은 왕은 나라의 운명을 바꾸려고 어떤 일을 했는가? 첫째, 하나님 앞에서 회개하고 하나님의 눈으로 나라를 살폈다. 전에는 간과했던 일들이 갑자기 눈에 띄었다. 이스라엘에는 우상숭배와 죄가 가득했다. 그날부터 왕은 잃어버렸다가 다시 찾은 율법책의 명령에 따라 나라를 바꾸기 시작했다.

요시야 왕의 개혁을 살피면 이 율법책이 이스라엘 자녀들이 거룩한 민족이 되는 법을 배우려고 받았던 책인 신명기의 내용을 많이 담고 있었음이 분명하다.[4]

내가 요시야 왕의 이야기를 하는 목적은 당신이 새롭고 개혁적인 눈으로 하나님의 말씀을 연구하도록 자극하기 위함이다. 하나님의 말씀을 읽는 것도 중요하지만 하나님의 세계를 하나님의 말씀으로 해석하는 것도 중요하다. 과거에 요시야 왕이 한 것처럼 오늘날 우리도 성경의 원칙을 적용하면 민족들에게 화해와 구원을 전할 수 있고 이를 통해 우리는 각자 맡은 책무를 다함으로 모든 민족을 하나님의 말씀에 순종하는 제자로 삼을 수 있다.

성경은 창조주의 매뉴얼이다. 하나님은 성경에 세상이 가장 잘 돌아갈 수 있는 방법을 구체적으로 적으셨다. 세상은 창조주 하나님의 것이다. 하나님은 세상을 가장 잘 아신다.

창조주에게 "나는 내가 하고 싶은 대로 세상을 살 것입니다. 윤리에 관한 법도 내 마음대로 시행하고, 남에게 피해를 주지 않는 범위 안에서 내 사생활도 마음대로 할 것입니다"라고 말하는 것은 완전히 어처구니없는 짓이다! 여러 가지 '사적인' 일들조차 남에게 상처를 준다. 포르노와 간음과 같은 '은밀한 죄'들이 가정을 파괴하며 사회가 이러한 죄악을 허용하면 그 죄가 높이 쌓여 그 사회의 토대는 가인에게 살해된 아벨의 피처럼 하나님께 탄원한다.

이것을 DVD 플레이어를 구입하고는 사용 설명서를 읽지 않는 사람에 비교해 설명한다. 이 사람은 오히려 "DVD를 거꾸로 넣는 게 더 낫겠어. 이 앞에 '재생' 버튼이 있지만 나는 다시 감기 버튼을 눌러서 재생하고 싶어"라고 말한다. 이렇게 하면 평생 DVD를 볼 수 없다! DVD를 보려면 사용 설명서에 적힌 대로 해야 한다.

이와 마찬가지로 '사적'으로 하면 괜찮다는 이유로 부도덕을 묵과하거나 하나님의 법을 무시하는 법을 제정할 수 없다. 우리가 하나님의 법을 어기면 창조세계는 무너진다. 사회도 마찬가지다.

우리 부부가 "열방의 장군들"(Generals International, 설립 당시는 중보기도의 장군들이었다)에서 사역하는 동안 우리는 변화가 진행 중인 여러 나

---

4. *New Spirit-Filled Life Bible* (Nashville: Thomas Nelson, 2002), 열왕기하 22장 8-10절에 관한 주석, 511.

라에서 일했다. 현재 가능성이 가장 밝게 빛나는 곳은 아르헨티나이다. 아르헨티나는 부흥의 물결이 잇달아 일어난 곳이기 때문에 나는 이 나라를 생각할 때면 감격스럽다. 이제 아르헨티나는 국가적 개혁이 일어날 차례이다!

과테말라의 알몰롱가도 그러한 곳이다. 알몰롱가는 한때 끔찍한 곳이었다. 알코올중독이 만연했고 우상숭배의 중심지였다. 이 도시 주민들은 체념했다. 초등학교를 졸업한 사람이 별로 없었다. 그러다가 몇몇 용감한 사람들이 하나님의 말씀을 붙들었고 그 지역의 영적 변화를 주도했다.

도시의 기적 가운데 하나는 토지의 물리적 변화였다. 척박했던 땅이 비옥하게 변하고 커다란 채소들이 자랐다. 나는 그 곳에 직접 가 보았다. 채소가 얼마나 크면 관광객들마다 기념사진을 찍을 때 브로콜리, 양배추, 당근을 손에 들고 있겠는가!

주민들은 중앙아메리카 전역에 채소를 팔았고 그 수입으로 메르세데스 트럭을 구입해서 작물을 운반할 정도로 부유하다. 감옥은 헐리고 식당으로 변모했다. 우상을 숭배하던 곳은 참배자가 적어서 폐쇄되었다. 지금은 인구의 95%가 거듭난 그리스도인이다!

오늘날 알몰롱가 시내에는 "하나님께 영광을"이라는 도로 표지판이 있다. 우리 부부는 이 운동의 리더들을 안다. 그들은 멋지고 진실한 신자들이다. 우리는 알몰롱가에서 일어난 사건으로 큰 소망을 품는다. 경건한 마음으로 하나님의 말씀을 사회의 토대로 삼으면 이와 같은 일은 어디에서나 일어날 수 있다.

민족의 치유

사회 변화는 성경의 이상 중 하나인 열방의 치유와 통하는 개념이다. 나라가 바뀌려면 먼저 개혁이 시작되어야 한다. 부패한 것을 고쳐야 하고 정의를 회복해야 한다. 나라가 개혁되면 치유가 따른다.

나는 1985년 미국을 위해 중보기도를 하면서 민족들이 치유를 받아야 함을 하나님께 처음 배웠다. 나는 미국을 위해 기도하면서 주님께 물었다. "주님, 사탄은 모든 것을 알지도 못하고 어디에나 동시에 있을 수도 없는데 어떻게 미국을 이토록 잠식한 것입니까?" 주님은 나에게 하나님의 백성은 전략이 없는 반면에 사탄은 민족을 공략할 전략이 있다고 말씀하신 뒤에 민족들이 죄를 깨닫고 참회하도록 기도할 "장군들을 모으라"고 말씀하셨다.

나는 의아했다. '미국이 무슨 죄를 지었단 말인가?' 그 당시 나는 미국이 지은 죄를 구체적으로 설교하는 것을 들어본 일이 없었다. 약 20년이 지난 지금 이것은 그리스도의 몸의 일반 주제가 되었다. 역대하 7장 14절은 공식과도 같은 말씀이다. "내 이름으로 일컫는 나의 백성이 스스로 겸손해져서, 기도하며 나를 찾고, 악한 길에서 떠나면, 내가 하늘에서 듣고 그 죄를 용서하여 주며, 그 땅을 다시 번영시켜 주겠다." 내가 이 주제에 관해 가르치기 시작할 때 민족이 치유될 수 있다고 말하는 사람은 아무도 없었다.

그 당시 주님은 우리가 강제 이주(Trail of Tears), 노예제, 인종차별을 비롯한 미국의 역사적 범죄를 회개해야 한다고 자세히 말씀하셨다.

또한 우리는 리더들을 모아 여러 인종이 다른 인종에게 저지른 죄를 회개하기 시작했다. 인종차별, 노예제, 불의한 흑인차별법(Jim Crow laws), 자민족중심주의, 명백한 사명설(Manifest Destiny), 협정 위반, 학살, 강제 이주, 죽음의 행진, 사실상의 분리와 차별, 공개 사형, 소수민족 선거권 박탈, 불평등한 교육, 불평등한 취업 기회, 공민권 침해와 같은 범죄 행위는 모든 사람이 하나님의 형상으로 지음 받았다는 성경 말씀을 왜곡한 결과이다.

나는 백인 지도자들이 아프리카계 미국인 형제자매들 앞에 무릎을 꿇고 울면서 회개하는 모습을 여러 번 보았다. 그들은 북미 원주민에게 저지른 죄와 제2차 세계대전 때 미국 정부가 일본계 미국인을 불신하고 그들의 사유재산을 빼앗고 투옥한 죄도 회개했다. 미국 정부는 인디언 부족과 맺은 협정을 적어도 350개나 위반했다.

몇 년 전에 우리 부부는 정부의 관리가 이러한 협정 위반에 대해 겸손히 회개하는 모습을 보았다. 인디언 지도자들은 미국 정부가 여러 부족과 맺고도 지키지 않았던 협약이 모두 적힌 책 한 권을 꺼냈다. 그 관리는 양 손으로 그 두꺼운 책을 들고 격정을 참으며 기도했다. "아버지, 제가 미국 정부를 대신해 용서를 구합니다. 미국 정부가 북미의 원주민에게 저지른 죄악을 용서해 주십시오. 참으로 죄송합니다." 그는 인디언 지도자들에게도 용서를 빌었다.

이것은 요한계시록 22장 2절이 일부 성취되는 아름다운 장면이었다.

도시의 넓은 거리 한가운데를 흘렀습니다. 강 양쪽에는 열두 종류의 열매를 맺는 생명 나무가 있어서, 달마다 열매를 내고, 그 나뭇잎은 민족들을 치료하는 데 쓰입니다.

우리가 이 땅에서 민족으로, 개인으로 치유를 받으면 연합하기가 더욱 쉬울 것이다. 헤른후트의 모라비아 교도들처럼 오늘날 개혁과 변화의 열쇠는 연합이다.

우리 단체는 지난 20년 동안 사역하는 나라마다 이와 같은 치유를 받도록 일했다. 그러나 이 분야에는 아직 할 일이 많다. 민족들 사이에 인종차별과 편견, 기만이 여전하고 따라서 회개와 화해가 절실히 필요하다. 모든 세대는 자기 민족의 추한 역사를 인정해야 하기 때문에 우리는 모든 민족이 완전히 치유되었다고 말하지 못할 것이다. 만약 각 세대가 자기 조상은 죄가 없고 과거의 학살에 책임이 없다고 확신하고 잘못은 적이 했기 때문에 복수를 하는 것이 마땅하다고 믿으면 어느 민족도 치유될 수 없다. 순수 혈통의 신화를 믿는 잘못된 신념은 그 집단에 속하지 못한 사람들을 위협한다. 그러나 하나님의 새로운 운동으로 패러다임을 완전히 바꾸면 모든 인종과 화해하고 만물과도 화해하게 된다.

사도행전은 말한다.

그러므로 여러분은 회개하고 돌아와서, 죄 씻음을 받으십시오. 그러면 주님께로부터 편히 쉴 때가 올 것이며, 주님께서는 여러분을 위해서 미리 정하신 그리스도이신 예수를 보내실 것입니다. 이 예수는 영원 전부터, 하나님이 자기의 거룩한 예언자들의 입을 빌어서 말씀하신 대로 만물을 회복하실 때까지, 마땅히 하늘에 계실 것입니다.

사도행전 3장 19-21절

이 본문의 "만물"은 무슨 뜻인가? 내 남편 마이크는 바울이 골로새 교인들에게 보낸 편지에서 "만물" 회복의 뜻을 찾았다.

하나님께서는 그분의 안에 모든 충만함을 머무르게 하시기를 기뻐하시고, 그분의 십자가의 피로 평화를 이루셔서, 그분으로 말미암아 만물을, 곧 땅에 있는 것들이나 하늘에 있는 것들이나 다, 자기와 기꺼이 화해시켰습니다.

골로새서 1장 19-20절

마이크는 성경이 "모든 사람"이라고 말하지 않고 "모든 만물"이라고 말한다고 지적한다. "만물"은 "모든 것"이다. "만물"은 "모든 제도, 사회의 모든 영역, 모든 집단"을 의미한다. 사실 우리는 지상에서 하나님이 우리에게 주신 만물을 회복하는 사역을 하고 있다.

누구든지 그리스도 안에 있으면, 그는 새로운 피조물입니다. 옛 것은 지나갔습니다. 보십시오, 새 것이 되었습니다. 이 모든 것은 하나님에게서 났습니다. 하나님께서는 그리스도를 내세우셔서, 우리를 자기와 화해하게 하시고, 또 우리에게 화해의 직분을 맡겨 주셨습니다. 곧 하나님께서 사람들의 죄과를 따지지 않으시고, 화해의 말씀을 우리에게 맡겨 주심으로써, 세상을 그리스도 안에서 자기와 화해하게 하신 것입니다.

고린도후서 5장 17-19절

우리가 민족을 변화시키거나 제자로 삼는 일을 가장 크게 방해하는 것이 무엇인가? 주님이 오시기 전에 우리가 어디에 시간과 힘을 써야 하는지 모르는 무지라고 나는 생각한다.

기억하자. 주님은 므나 예화를 통해 우리에게 말씀하셨다. "내가 올 때까지 이것으로 장사를 하여라"(Do business till I come, 눅 19:12-27). 킹 제임스 흠정역 성경은 "내가 올 때까지 종사하라"(Occupy till I com)고 기록한다. 우리는 주님의 재림에만 초점을 두는 바람에 "종사하라"는 당부를 잊는다. 우리는 전도에 마음과 힘을 다해야 한다. 사람들을 그리스도에게로 인도하고 그들이 그리스도의 장성한 분량에 이르기까지 양육해야 한다. 또한 창세기의 명령을 성취해야 한다. "충만하여라.… 정복하여라.… 다스려라"(창 1:28). 우리는 하나님의 지구를 맡아서 관리하는 청지기다. 그렇다면 "하나님께서 좋아하시는 사람들"이 민족을 다스리기 위해 시장, 법률 기관, 정부 기관, 공익 기관, 교육 기관 등 사회 곳곳에서 어떻게 "종사"해야 하는가? (눅 2:14).

우리는 이 새로운 하나님 나라의 사고방식이 중요하다는 것을 알았다. 지금부터 각 장별로 각 영역을 하나씩 살펴본다.

제 4 장

정의로운 대의

기독교의 역사를 돌아보면 우리는 이런 생각을 했던 것 같다. "대부흥이 일어나기만 하면 모든 민족이 모두 의롭게 될 것이다." 마음의 부흥은 중요하다. 그러나 나라가 의롭게 되려면 사회가 개혁되어야 한다. 부흥은 변화를 일으키지만 개혁이 없으면 변화는 지속되지 않는다. 그리스도인들은 부흥을 위해 힘쓰면서도 이것을 너무나 자주 간과한다.

대로우 밀러(Darrow L. Miller)는 통찰로 빛나는 저서 《생각은 결과를 낳는다》(Discipling Nations)에서 다음과 같이 말한다.

> 우리는 대개 전쟁을 폭탄, 총, 군대, 죽음, 시체 등 물(物)로써 생각한다. 그러나 전쟁을 군대의 충돌뿐 아니라 세계관의 충돌로 보면 세

상을 더 잘 이해할 수 있다.…

기독교는 생명과 사망, 선과 악, 하나님과 사탄 사이에 한동안 전쟁이 벌어진다고 밝힌다. 이 영적 싸움은 우리가 성경에서만 읽는 것이 아니다. 이 싸움은 우리 일상의 생각과 이상에 침범하여 역사를 움직이고 미래를 결정하고 우리의 생활방식을 지배한다.[1]

부흥만으로는 부족하다

어느 날 나는 남편 마이크와 변화를 주제로 내건 어떤 대회에서 기독교 지도자들과 대화를 나누었다. 나는 그들에게 물었다. "우리가 부흥의 변화를 어떻게 유지할 수 있습니까? 변화된 사회들이 백 년까지는 아니더라도 십 년 동안이라도 하나님을 위해 살 수는 없는 것입니까?"

어떤 부흥들은 극적이고 지속적인 결과를 낳았다. 루터의 개혁은 개신교를 낳았고 개신교 덕분에 여러 가지 사회적 실험이 가능했다. 이를테면 미국은 정부, 과학, 경제, 정치, 교육, 교회와 국가의 관계 등에 관한 새로운 사상에 문호를 개방했다.

미국 역사에는 중요한 부흥의 시기가 여러 차례 있었다. 예를 들면 1740-1742년 길버트 테네트, 조너선 에드워즈, 조지 휫필드의 제1차 대각성이다. 제2차 대각성은 1800년대 초의 부흥 집회로 시작되었다. 1831년 뉴욕 주 로체스터의 찰스 피니의 설교와 부흥으로 전국에서 부흥이 일었다. 남부군 내에서는 남북전쟁 부흥이 있었다. 남북전쟁 이후 드와이트 L. 무디와 존 모트는 제3차 대각성을 주도했다. 존 모트는 오랫동안 YMCA 회장을 지냈고 학생자원운동(Student Volunteer Movement)을 설립했다. 이 단체는 제1차 세계대전이 일어나기 전까지 활동했다. 20세기로 넘어가는 시기에 아주사 거리 부흥이 일어나 제4차 대각성이 시작되었고 이 부흥으로 겨우 백 년 만에 4억 개에 이르는 오순절·은사주의 운동이 전 세계에서 일어났다. 제2차 세계대전 이후 미국은 늦은 비·치유 운동, 예언 운동, 빌리 그레이엄 십자군, 기독학생회(InterVarsity), 네비게이토 선교회, 대학생 선교회(Campus Crusade), 캠퍼스 라이프, 영 라이프 등 여러 갈래의 각성이 일어난다. 이 모든 운동은 미국 사회에 큰 영향을 끼쳤다. 그러나 모든 부흥에는 작용과 반작용 곧 영적 각성과 영적 저항이 있다. 마귀는 사람의 어리석음과 약점을 이용해 시작부터 부흥을 부패시킨다.

부흥은 대부분 몇 년밖에 지속하지 않는다. 예를 들면 웨일스 부흥은 대략 1904년과 1906년 사이에 시작되었다. 이 기간에 십만 명 가량이 거듭났다고 한다. 하나님의 불은 웨일스를 휩쓸었고 부흥에 힘입어 극적인 변화가 생겼다. 사실 너무나 많은 것이 변하는 바람에 광산에서 부리는 당나귀들마저 훈련을 다시 받아야 할 정도였다. 광부들이 당나귀를 부릴 때 욕설을 많이 했기 때문에 광부들이 욕설

---

1. Darrow L. Miller, with Stan Guthrie, *Discipling Nations: The Power of Truth to Transform Cultures*, 2nd edition (Seattle, WA: Youth With A Mission Publishing, 2001), 25. 《생각은 결과를 낳는다》(예수전도단 펴냄).

을 그치자 당나귀들은 지시를 알아듣지 못했다. 사람들이 술을 끊자 술집은 문을 닫았다. 럭비 시합보다 기도 모임이 더 인기가 높았다. 얼마나 놀라운 일인가! 찬양의 부흥으로 전국에서 하나님을 찬양하는 노래가 울려 퍼졌다.

그러나 나라 전체가 구원을 받았으나 인성 교육보다 기능 위주의 교육 제도와 다윈주의와 같은 무신론 철학의 영향으로 웨일스는 뒷걸음쳤다(이 영향력에 관해서는 뒤에 다시 살펴본다). 어떤 사람들은 이 부흥의 리더였던 에반 로버츠(Evan Roberts)가 스물여섯밖에 안되었고 부흥이 시작된 지 겨우 몇 달 만에 은둔하는 바람에 건전한 성경적 가르침과 성숙함이 부족했다고 말한다.

나는 나이는 문제가 아니라고 생각한다. 요시아 왕도 나라를 개혁할 때 나이가 스물여섯이었고 그의 개혁도 오래 가지 못했다. 아마도 웨일스의 부흥이 지속되지 못했던 이유는 성숙한 영적 지도자들이 부족해서였을 것이다. 사람들로 믿음 위에 굳게 서고 정치와 문화를 주도하는 제자가 되도록 도와줄 리더가 없었다. 웨일스 부흥 때 뛰어난 지도력을 발휘했던 리스 하우웰스(Rees Howells)는 부흥을 지속하는 기도 운동이 필요하다고 강조했다. 나는 그 말에 동의한다. 나는 민족이 제자가 되는 일에 반드시 필요한 "천국의 입법"에 관해 한 장을 할애해 설명할 것이다.

해답은 없는가? 모든 영역에서 성경적 세계관을 회복하는 패러다임의 대전환이 필요하다. 다시 말하지만 개혁이란 "부패한 것을 고치고 회복하여 하나님의 질서와 체계에 따라 사회와 정치 제도를 바로 세우는 것"이다. 오늘날 나라의 변화에 대해 이야기하는 사람이 많다. 그러나 나라의 변화는 단지 "외형이 바뀌는 것"이다. 개혁이 없으면 변화는 결코 지속되지 않는다.

마음을 새롭게

우리는 대부분 교육과 미디어, 문화로 침투하는 세속주의와 자연주의, 인본주의적 합리주의가 우리의 생각과 세계관에 영향을 주거나 물들인다는 것을 알지 못한다. 우리는 나라를 어디서부터 개혁해야 할지 전혀 모른다. 첫째, 우리는 하나님의 시선으로 세상을 읽지 않는다. 성경을 읽을 때조차 하나님의 말씀에 깊이 잠기어 마음을 개혁하고 생각을 바꾸지 못하고 문화의 관점에서 해석한다. 솔직히 말하면 오늘날 기독교에서는 성경 연구와 기도를 통해 성령님이 계시하시는, 하나님의 살아 있는 말씀이신 그리스도를 찾아볼 수 없다.

성경이 어려워서가 아니다. 우리가 올바른 질문을 하지 않아서이다. 우리는 기도, 성령의 열매, 종말, 그리스도인의 성품에 관해서는 연구를 많이 한다. 그러나 제자가 된 민족이 어떤 정부를 세워야 하는지, 사회복지 제도를 어떻게 운영해야 하는지, 자녀를 어떻게 교육하고, 은행을 어떻게 경영하고, 법률을 어떻게 제정해야 하는지에 관해서는 얼마나 연구하는가?

너무나 많은 사람이 정교분리가 성경의 개념인 것처럼 받아들이는 함정에 빠진다. 종교 개혁을 가져온 중세 암흑시대의 부패와 오늘날 종교법을 국가의 근간으로 삼는 중동 국가들 때문에 겪는 문제들 때문에 정교분리는 훌륭한 생각인 것만 같다. 그러나 거리에서 사람들에게 성경을 배포하기 전에 우리는 성경을 다시 읽고 성령님께 하나님의 방법이 무엇인지 배워야 한다. 하나님의 지혜는 지금도 유효하다.

우리가 새로운 관점에서 성경을 읽으면 거룩한 나라로서 어떻게 세상을 개혁하여 변화를 지속할 것인지 하나님이 알려주실 것이다. 나는 사회의 모든 면에 정통한 전문가가 아니라서 자격은 없지만 몇 가지 중요한 영역에서 생각을 개혁시킬 마중물을 부으려 한다. 간단히 말하면 "우리는 마음을 새롭게 함으로(개혁) 변화를 받아야 한다." 거룩한 나라가 되려면 우선 생각을 크게 바꾸어야 한다.

내가 말하고 싶은 핵심은 다음과 같다.

> 우리는 민족을 제자로 삼기 전에 우리의 생각부터 제자로 만들어야 한다.

성경 말씀을 본다.

> "너희가 나의 말에 머물러 있으면, 너희는 참으로 나의 제자들이다. 그리고 너희는 진리를 알게 될 것이며, 진리가 너희를 자유롭게 할 것이다."

요한복음 8장 31-32절

> 여러분은 이 시대의 풍조를 본받지 말고, 마음을 새롭게 함으로 변화를 받아서, 하나님의 선하시고 기뻐하시고 완전하신 뜻이 무엇인지를 분별하도록 하십시오.
>
> 로마서 12장 2절

출발점에 따라 진리를 보는 관점이 달라진다. 우리의 생각과 사고방식을 두고 싸우는 전쟁은 대개 우리가 받는 교육 방식에 영향을 크게 받는다. 내가 세계관을 이야기하는 이유가 여기에 있다. 우리는 대부분 상상하는 것 이상으로 인본주의 사고에 물든 렌즈를 통해 세상을 본다. 하나님의 말씀이 최종 권위라고 강하게 믿는 그리스도인들마저 성경의 기준보다 교육의 힘으로 사회의 기준을 앞세운다. 우리는 이 교육을 교실에서만 받는 것이 아니라 미디어와 자칭 중립을 표방한 '과학적'이라고 부르는 프로그램을 통해서도 받는다. 나는 모든 민족 제자 만들기라는 주제를 파고들수록 나의 세계관이 세속 사고에 영향을 받았음을 깨달았다.

예를 들면 우리는 하와이에서 현지 지도자를 방문한 적이 있다. 나는 그 전에 한 모임에서 하와이가 미국에서 최초로 기독교 주가 될 것이라고 예언했고 여러 리더들이 이 예언의 성취를 위해 열심히 일하는 모습을 보고는 기뻤다. 현지 지도자를 만난 뒤에 우리 부부는 법원 청사를 지나가고 있었다. 그때 나는 "멈춰라. 민족을 제자로 삼는 너희 모험의 일부가 여기에 있다"라는 느낌이 들었다. 우리는 휴가를 즐기고 있었기 때문에 아내에게 자주 일어나는 이러한 순간을 견디는 참을성을 하나님은 남편에게 대단히 후히 주셨다.

우리는 차를 주차하고 하와이 법률 박물관에 들어갔다. 우리는 전시물을 보고서 놀랐다! 하와이의 법률 제도의 바탕은 십계명이었다. 말 그대로 땅에서 적법한 것은 하늘에서도 적법했던 것이다.

무엇보다 살인과 절도가 불법이듯이 간음도 불법이었다. 부끄럽지만 나는 잠시 고민한 뒤에 남편에게 물었다. "오늘날에도 이런 식으로 도덕을 법으로 만들 수 있을까요?" 남편은 여느 때처럼 논리로 대답했다. "물론이지, 여보. 우리는 언제나 그렇게 해요! 도둑질이 왜 불법이겠어요?"

나는 놀란 나머지 그 자리에서 굳어 버렸다. 나는 십계명을 도덕적 법이라고만 생각했지 사회적 법이라고는 생각하지 못했다. 나는 하나님의 눈이 아니라 세속주의자의 눈으로 십계명을 읽고 있었다. 과거 이스라엘에서 간음은 비도덕적 행위일 뿐 아니라 불법이었다는 사실을 나는 잊고 살았다. 나는 무의식으로 "두 사람의 사생활에 간섭해선 안 된다"는 생각을 하고 있었다. 사회가 결혼을 신성하게 지키고 간음을 허용하지 않는 것이 하나님의 뜻이라는 생각을 하지 못했다. 나는 성경적 정의를 지키는 것보다 사회적 정의 곧 사회 전체가 불법으로 정한 것을 받아들여야 한다고 생각했다. 참으로 부끄럽다. 나는 내가 사는 사회가 결정했다는 이유로 하나님의 법 일부가 오늘날 사회에 적합하지 않다고 믿었다.

바로 지금 우리의 마음과 생각을 급격히 바꾸도록 하자. 당신이 세속주의나 기타 불경건한 '이즘'에 영향을 받은 부분을 보여 달라고 성령님께 기도하자. 나와 함께 기도하자.

오, 주님,
도와주세요! 저의 모든 것을 당신께 드립니다. 거룩한 의사로 오셔서 성령님의 능력으로 저의 생각을 고쳐주세요. 아버지, 하나님의 말씀과 뜻에 따라 생각하지 못하고 잘못 배우고 잘못 믿는 것이 있다면 바꾸어 주세요. 저의 사고방식을 바꾸어 주세요. 제 생각을 새롭게 바꾸어 주세요. 저는 세상을 닮고 싶지 않습니다. 하나님의 나라가 임하고 하나님의 뜻이 하늘에서 이루어진 것처럼 이 땅에서 이루어지는 것을 보고 싶습니다.
예수님의 이름으로 기도합니다.
아멘.

율법주의에 빠지지 않는 율법 준수

어떤 사람들은 이런 의문이 들지 모른다. "당신은 우리가 모세의 613가지 율법을 다시 지켜야 한다고 말하는 것인가? 간음하다가 잡힌 여자를 돌로 쳐 죽이자는 말인가?" 물론 아니다.

그러나 나는 오늘날 우리 사회에서 십계명을 어떻게 지킬 것인가를 놓고 씨름했던 사람으로서 당신에게 말한다. 우리는 이 문제를 진지하게 성찰하고 기도해야 한다. 오늘날 우리 사회에서 십계명은 충고에 불과한 것인가? 그렇지 않다면 우리는 오늘날 우리 민족을 위한 하나님의 뜻을 어떻게 민주적 절차에 따라 법률에 반영할 것인가? 누군가는 물을 것이다. "우리 사회에서 이 간음의 문제를 처리해야 할 필요가 있는가? 이것은 개인의 문제가 아닌가?"

우리는 여느 때처럼 이 문제를 성경의 렌즈를 통해 살펴야 한다. 서구인들은 개인이 집이나 호텔에서 벌이는 사적인 일과 사회의 문제가 크게 상관이 없다고 본다. 그러나 지구와 사람을 지으신 창조주의 계획에 따르면 이것은 사실이 아니다.

성경적 세계관에 따라 이 문제를 검토하려면 사람들이 성범죄를 지었을 때 나라의 토지에 일어난 일을 기록한 성경 본문 몇 군데를 살펴야 한다.

레위기 18장에는 몇 가지 금지된 성적 행위가 나온다. 이를테면 근친상간, 간음, 수간, 동성애 등이다. 이 장의 마지막 구절의 일부를 인용한다.

> 위에서 말한 것 가운데 어느 하나라도 저지르면, 이것은 너희가 스스로를 더럽히는 일이니, 그런 일이 없도록 하여라. 내가 너희 앞에서 쫓아낼 민족들이, 바로 그런 짓을 하다가 스스로 자신을 더럽혔다.
>
> 레위기 18장 24절

바꾸어 말하면 다른 민족들이 사회에서 그러한 죄를 용인하다가 가나안에서 쫓겨났고 이스라엘이 그 땅을 받았다. 그 다음 구절은 다음과 같다.

> 따라서 그들이 사는 땅까지 더럽게 되었다. 그러므로 나는 그 악한 땅을 벌하였고, 그 땅은 그 거주자들을 토해 내게 되었다.
>
> 레위기 18장 25절

무슨 말인가? 죄로 더럽힌 땅에서는 아무도 살 수 없다는 뜻이다. 그 땅에서는 아무도 번성할 수 없다. 땅은 그들을 "토해" 낸다.

죄로 더럽힌 땅의 문제에 관한 말씀은 이 밖에도 많이 있다. 호세아 4장 1-3절도 강한 메시지다.

> 이스라엘 자손아,
> 주님의 말씀을 들어라.
> 주님께서 이 땅의 주민들과
> 변론하신다(재판을 의미한다).
> [주님은 고발의 근거를 말씀하신다.]
> "이 땅에는 진실도 없고, 사랑도 없고,
> 하나님을 아는 지식도 없다.
> 있는 것이라고는 저주와 사기와
> 살인과 도둑질과 간음뿐이다.

살육과 학살이 그칠 사이가 없다.
그렇기 때문에 땅은 탄식하고,
주민은 쇠약해질 것이다.
들짐승과 하늘을 나는 새들도 다 야위고,
바다 속의 물고기들도 씨가 마를 것이다."

얼마나 강한가! 성경은 나라에 죄가 쌓이면 정부와 주민들이 하나님의 복을 받지 못할 뿐 아니라 자연 자체도 하나님의 복을 받지 못한다고 우리에게 말한다!

내 친구 릭 라이딩즈는 기도의 용사들을 이끌고 이스라엘의 벤히몬 계곡으로 기도 여행을 다녀 온 적이 있다. 그 곳은 몰렉 숭배자들이 어린 아기를 산 채로 태워서 몰렉에게 바친 곳이다. 그들은 오랜 죄악을 회개했다. 그 곳에서 벌어진 참혹한 살육에 대해 유대인 신자가 기도하고 용서를 빌었다.

어떤 사람은 물을 것이다. "내 잘못도 아닌 나라의 죄를 내가 회개할 이유가 있는가?" 사무엘하 21장 1-14절에서 하나님은 다윗에게 선왕 사울이 기브온 사람을 살해한 죄를 회개하라고 요구하셨다. 다윗 왕이 회개하자 주님은 땅을 돌보아 달라는 기도를 들으셨다. 신명기 21장 1-8절에서도 하나님은 이스라엘 백성에게 범인을 알 수 없는 살인 사건이 생긴다면 민족의 죄를 대속하라고 말씀하셨다.

어떤 사람들은 의문을 품을 것이다. "그러나 우리는 신약을 믿지 않는가? 우리가 율법의 저주 아래에 있는가?" 물론 아니다. 그러나 구약성경은 신약 교회를 위한 성경이었고 하나님의 창조 질서를 부정하지 못한다. 죄로 더럽힌 "땅을 회복하는" 기도를 통해 하나님이 우리 교회에 힘을 주셨다는 것이 복음이다.

릭과 팀원들은 벤히몬에서 기도하고 몇 달 뒤에 버스를 타고 그 지역을 다시 돌았다. 그들이 벤히몬 계곡을 지날 때 유대인 가이드가 말했다. "이 지역은 몰렉 숭배자들이 저지른 죄로 저주를 받아서 새들조차 깃들지 않는 곳이죠. 그런데 어찌된 영문인지 지난 몇 달 동안 새들이 돌아왔어요."

우연의 일치일까? 아니다. 이것은 "땅의 치유"에 관한 성경의 해답이다. 역대하 7장 13-14절을 인용한다.

> 내가 하늘을 닫고 비를 내리지 아니하거나, 메뚜기를 시켜 땅을 황폐하게 하거나, 나의 백성 가운데 염병이 돌게 할 때에, 내 이름으로 일컫는 나의 백성이 스스로 겸손해져서, 기도하며 나를 찾고, 악한 길에서 떠나면, 내가 하늘에서 듣고 그 죄를 용서하여 주며, 그 땅을 다시 번영시켜 주겠다.

우리가 회개하고 기도하면 어떤 결과가 생기는가? 하나님이 땅을 다시 번영시켜 주신다. 히브리 사람의 말대로 "하나님이 그들의 땅을 치유(rapha)하신다." 성경에서 사람의 몸을 고친다고 말할 때 똑같이 이 단어를 사용한다. 여기서 땅은 영적으로 '민족'이나 '지역'으로 해석하지만 사전을 살펴보면 "식물을 재배하는 흙, 땅과 같은 것"을

의미한다.[2]

하나님의 저주는 우상숭배를 통해서도 토지에 임한다. 이슬람을 믿는 민족들이 사는 곳이 어떤 곳인지 보라. 땅 자체가 사막으로 변한 곳이다. 나는 이슬람을 믿는 국민들이 증가하는 아프리카 국가들을 방문한 적이 있다. 그들은 이슬람을 믿고부터 강우량이 급격히 줄었다고 말한다.

성경에서 중보기도에 관한 가장 중요한 본문 역시 땅의 치유에 대해 말한다.

> "나는 그들 가운데서 한 사람이라도 이 땅을 지키려고 성벽을 쌓고, 무너진 성벽의 틈에 서서, 내가 이 땅을 멸망시키지 못하게 막는 사람이 있는가 찾아 보았으나, 나는 찾지 못하였다. 그래서 나는 그들에게 내 분노를 쏟아 부었고, 내 격노의 불길로 그들을 멸절시켰다. 나는 그들의 행실을 따라 그들의 머리 위에 갚아 주었다. 나 주 하나님의 말이다."
>
> 에스겔 22장 30-31절

사회에서 일어난 일뿐 아니라 모든 창조세계에서 일어난 일의 관계를 알아야 우리의 법률 제도 안에서 하나님의 법을 실현할 수 있다.

하나님의 법이 어떻게 실현될 수 있을까? 물론 부흥을 통해 나라의 중심이 바뀌어 대다수가 정의로운 법을 바란다면 가장 좋다. 간음한 사람들을 모아 놓고 공개적으로 모욕하자는 말이 결코 아니다. 그러나 나는 다른 범인을 다루듯이 이 죄를 범한 사람도 법으로 처벌할 수 있는 방법을 하나님이 우리에게 주실 줄 믿는다.

예를 들면 미국에서는 미성년자가 동의하더라도 성인이 미성년자와 잠자리를 같이 할 수 없다. 이는 법적 강간에 해당한다. 군대에서도 성행위를 엄격하게 규제한다. 우리는 생각이 세속 세계관에 너무 물들어 있어서 하나님의 법이 더 이상 효력이 없다고 생각할지 모른다.

나는 사람들을 억지로 기독교로 개종시키거나 그리스도인이 아닌 사람들의 권리를 부당하게 뺏자고 말하지 않는다. 하나님의 말씀에 기초한 국가가 아름다운 이유는 믿음이 다르다는 이유로 사람을 박해하지 않고 아무에게도 믿음을 강요하지 않기 때문이다. 하나님은 우리가 자유롭게 하나님을 믿기를 바라신다. 하나님의 말씀에 토대를 둔 민주주의가 막강한 이유가 여기에 있다. 우리는 이슬람법을 시행하는 사람들과 다르다.

각 나라에는 개혁적 전환이 필요하다. 하나님의 말씀을 사랑하고 법률 제도의 모든 영역에서 하나님의 얼굴을 구하고 하나님을 기쁘게 해 드리기 원하는 정의로운 판사, 변호사, 정치가가 되려고 열심히 공부하는 청년들이 필요하다.

---

2. 내가 직접 풀이했다.

하늘의 관점을 가지라

세계관은 개인의 사고방식, 자녀 양육, 법률 제정, 도덕적 판단, 법 집행에 영향을 준다. 세계관은 가난한 사람에 대한 우리의 책임과 국가적 이념에 대한 태도를 결정한다. 우리의 마음을 거룩한 세계관으로 새롭게 하려면 우리 사고에 영향을 주는 비성경적 요소를 찾아야 한다. 앨빈 토플러는 저서 《미래의 충격》에서 "모든 사람은 자기 머릿속에 세상을 의식하는 틀을 가지고 있다. 이는 바깥 현실을 상징하는 주관적 표상이다"라고 말한다.[3] 이 말을 이해하려면 우리는 자신의 "세계관 상자"에 무엇이 들어 있는지 알아야 한다. 우리의 세계관 상자는 우리의 마음이다. 우리는 마음에 생각을 담는다. 이 생각들이 우리가 세상을 보는 방식을 결정한다. 때때로 우리는 "고정관념에서 탈피하라"라고 말한다. 이 말은 자기 세계관 밖에서 생각하라는 의미다. 그러나 우리가 벗어나면 안 되는 올바른 '상자'가 있다. 바로 성경의 세계관이다.

약 300년 전에 서구인 대다수는 하나님을 중심에 둔 성경적 유신론 세계관을 가지고 있었다. 이 세계관에 따르면 하나님이 다스리시는 영의 세계와 물의 세계는 서로 연결된다. 그러므로 사회와 정부의 바탕에는 성경에 기록된 하나님의 말씀이 모두 옳다는 믿음이 있었다. 교회법과 판례를 구별하지 않았고 민법은 교회와 성경에 토대를 두었다. 법을 정할 때마다 하나님의 말씀을 먼저 검토했다. 우리는 이 세계관을 유신론이라고 부른다.

사람들은 하나님을 창조주로 인정했고 하나님의 법을 이해하지 못하더라도 이유를 묻지 않고 순종했다. 하나님의 법을 어기면 벌을 받았다. 사람들은 지옥이 실제로 있다고 믿었고 하나님을 거절하면 하나님과 단절된다고 믿었다. 이러한 생각은 행동과 윤리뿐 아니라 사회의 성격과 분위기를 결정했다. 하나님의 존재는 이미 정해진 사실이었고 모든 것의 구심점이었다.

계몽주의 시대가 되자 이신론이라는 세계관이 등장했다. 지식인들은 하나님을 인정하는 세계관을 가지고 있었지만 하나님이 우주를 창조했더라도 우리가 자유롭게 사용하게 허락하셨다고 믿었다. 사회 곳곳에서 하나님을 인정하던 사람들은 하나님의 법 대신 자연법을 바탕으로 현실을 인식했다. 합리주의가 시대를 지배하는 철학이 되고 진리를 심사하는 유일한 잣대가 되었다. 바꾸어 말하면 이유를 납득하지 못하면 사람들은 성경을 믿지 않았다. 이 결과로 인류는 죄를 합리화하기 시작했다. 우리는 더 이상 하나님 앞에서 죄인이 아니라 상황의 피해자가 되었다. 이것이 지그문트 프로이트의 가르침이다.

프로이트의 학설로는 무엇이 옳고 그른지 논할 수 없다. 예를 들면 운이 나쁜 날에는 빨간 신호등을 무시하고 길을 건너도 괜찮은지 판단할 수 없다. 정해진 법이 있기 때문이다. 하나님의 법도 마찬가

---

3. Alvin Toffler, *Future Shock* (New York: Random House, 1970), 139. 《미래의 충격》(범우사 펴냄).

지다. 하나님의 법을 지키지 못하면 사회가 악영향을 받는다. 기도를 통해 치유와 구원의 힘을 주신 하나님께 감사한다!

그러나 지난 200년 동안 폭넓은 세계관 하나가 활개를 치며 우리에게 가장 큰 피해를 입혔다. 우리는 이 세계관을 세속주의, 자연주의, 무신론적 유물주의라고 부른다. 세속주의는 하나님이 세상에 관여하지 않는다고 말할 뿐 아니라 하나님이 존재하지 않는다고 말하며 이신론에서 하나님의 자취를 희석했다. 현실은 불분명했고 관점에 따라 변했고 윤리는 상대적이 되었다. 상황윤리와 가치명료화와 같은 개념이 도입되었고 이 개념들은 우리를 성경에 근거한 윤리와 가치에서 단절시켰다. 갑자기 절대적인 것들이 사라진 것이다.

상황윤리가 무엇인지 알려면 지난 몇십 년 동안 미국의 공립학교에서 상황윤리를 어떻게 가르쳤는지 살피면 된다. 다른 나라의 사정도 미국과 크게 다르지 않을 것이다(내가 미국의 예를 많이 들어서 다른 나라 독자들에게 용서를 구한다. 미국의 사례가 익숙해서이다. 다른 나라의 독자들도 이러한 원칙으로 각자 자기 나라에서 정의로운 사회를 세우기를 기도한다. 하나님의 말씀은 어디에서나 역사한다!).

간단히 말하면 교사가 학생들에게 게임을 한다고 말한다. 아이들은 게임을 좋아한다. 그리고 나서 교사는 다음과 같은 이야기를 들려준다.

임산부, 성직자, 노인, 어린이, 선원 다섯 사람이 먼 바다에서 배를 타고 표류하고 있어요. 배가 무거워 가라앉고 있어서 한 사람을 버려야 해요. 누구를 버려야 할까요? 임산부를 버리면 아기가 함께 죽어요. 선원이 물에 빠지면 배를 조종할 사람이 없어요. 어린이는 어차피 죽을 거예요. 어쩌면 성직자가 스스로 나설지도 모르고요. 노인은 살만큼 살았어요.

토론이 이어진다. 교사는 학생들에게 정답은 없다고 말한다. 어떤 대답이든 자기 가치관에 따른 것이니 옳다고 안심시킨다. 이것이 가치명료화이다. 절대성은 모두 제거된다. 절대자나 지도자는 없다. 이러한 대안은 제시하지도 않는다. 기준이 무엇인가? 식량이 부족할 때 누구를 굶겨야 하는가와 같은 각본들이 학생들에게 계속 이어진다.

나는 기독교 대학에서 교육론을 배우면서 이러한 이야기를 처음 들었다.

이 윤리 안에 도사린 무서운 위험은 절대적인 것이 없다는 것이다. 상황이 허락할 때만 도덕법을 지킨다면 세상은 무법천지가 될 것이다. 이러한 사회에서는 모든 것이 유동적이고 내 생각이 최고다라는 것만이 불변이다. 따라서 마지막 결정적 가치는 이기주의이다. 모든 도덕의 기본은 "네 배를 불리라"가 될 것이다.

놀랍게도 상황윤리를 만든 사람은 성공회 신부였던 조셉 플레처(Joseph Fletcher)이다. 그는 말년에 무신론자가 되어 하나님을 철저히 부인했다. 그는 1966년에 《새로운 도덕, 상황윤리》를 지었다. 그는 미국안락사협회 회장을 지냈다(이 협회는 이후에, 죽을 권리를 위한 협회로 이

름을 바꾼다). 게다가 그는 미국우생학협회와 수의불임협회 회원이었다.[4]

이런 사람의 철학이 학교 교육에 스며든다고 상상해 보라. 이것은 하나님을 믿는 사람들의 믿음을 서서히 파괴하고 우리 사회에서 절대적인 것들을 제거하는 교활한 계획의 일부에 불과하다.

이 당시 유행하던 비틀즈의 노래가 핵심을 간파했다. "우리에게 필요한 건 사랑뿐이야." 플레처는 사랑만 예외일 뿐 깨뜨릴 수 없는 규칙은 없다고 가르쳤다. 절대적인 것이나 철칙은 없다. 그는 하나님의 사랑을 버리고 인간의 사랑을 자기 철학의 바탕으로 삼았다. 사랑은 주관적인 것이 되었고 성경은 하나님의 법이 아니라 현대 이성으로 더 낫다고 판단하면 무시할 수 있는 고대 경전이 되었다.

이기적인 사랑밖에 모르는 사람의 상황 속에서 하나님의 말씀이 평범한 '충고'로 바뀐다는 것은 생각만 해도 무섭다. 우리는 하나님의 말씀보다 더 높아짐으로 길을 안내하는 경계나 표지를 잃었다. 이러한 마음가짐을 지닌 사람들은 사랑이라는 감정을 기반으로 스스로 윤리와 가치를 정한다.

제임스 패커(J. I. Packer)는 상황윤리의 신념체계인 상황주의에 관해 뛰어난 글을 썼다. 그는 설득력 있게 논지를 펼친다.

> 우리는 이처럼 악을 선택해야 하는 상황을 마주한 적이 없었다. 이와는 반대로 전통적 관점은 또 하나의 잘못된 "내재이론"이 되었다. "상황주의자들은 어떤 상황에서 무엇이든지 가장 사랑하는 것이 옳

고 선하다고 주장한다. 이는 용납할 수 있는 악이 아니라 확실히 선이다."⁵

따라서 상황주의자들이 가지고 있는 윤리의 나침반으로는 동서남북을 분간할 수 없다. '사랑'이라는 북쪽이 수시로 변하기 때문이다. 유일한 문제는 나침반 옆에 자석이 있으면 바늘의 방향이 바뀌듯이 우리의 죄성이 사랑을 왜곡한다는 점이다. 사랑의 아버지 하나님은 죄성을 억제할 '법'이라는 경계가 우리에게 있어야 한다는 것을 아신다. 우리는 절대적인 것이 있다는 것을 알아야 한다. 그래야 죄성과 이기심으로 왜곡된 것을 상쇄할 수 있다. 그렇게 하지 않으면 감정과 합리화로 나침반을 잘못 읽고는 방향을 잃는다.

플레처의 생각의 논리를 좇으면 결국 "절대적으로 잘못된 것은 없다"는 결론에 이를 수밖에 없다. 이것이 오늘날 사회의 기준이다. 우리의 도덕이 얼마나 타락했는지 모르면 우리는 결코 모든 민족을 제자로 삼을 수 없다.

내 아버지 앨버트 S. 존슨이 내 성경책 백지에 적어 놓은 성경 구절 하나가 있다. 그 말씀은 상황윤리에 답한다.

---

4. "Joseph Fletcher," *Wikipedia: the free encyclopedia*, last modified June 5, 2007, http://en.wikipedia.org/wiki/Joseph_Fletcher (accessed August 28, 2007).

5. J.I. Packer, "Situation Ethics," *The Highway*, www.the-highway.com/articleJan02.html (accessed August 28, 2007). The quotation within is from Joseph Fletcher's *Situation Ethics: The New Morality* (Philadelphia: Westminster Press, 1966), 65. 플레처가 강조.

> 하나님의 말씀은 살아 있고 힘이 있어서, 어떤 양날칼보다도 더 날카롭습니다. 그래서, 사람 속을 꿰뚫어 혼과 영을 갈라내고, 관절과 골수를 갈라놓기까지 하며, 마음에 품은 생각과 의도를 밝혀냅니다.
>
> 히브리서 4장 12절

가정 형편이 어려운 산모가 아기를 낙태해야 하는가 말아야 하는가와 같은 질문에 대한 답은 하나님의 말씀에서만 찾을 수 있다. 하나님께 순종하고 생명을 지키는 사랑의 선택은 유일무이하다. 세상은 산모를 생각해야지 태어나지 않은 아기는 생각하지 말라고 말한다. 그러나 하나님의 말씀에 의하면 낙태는 사랑이 아니다. 낙태는 하나님께 불순종하는 것이며, 무죄한 생명을 앗아가는 것은 악하다. 하나님은 창조주이고 생명의 근원이시다. 그러므로 우리는 생명을 앗아갈 권리가 없다. 하나님의 법을 지켜야 사랑을 진실하게 지킬 수 있는 법이다. "사랑은 율법의 완성"이기 때문이다.[6]

절대적인 것의 중요성

최근에 나는 갓 그리스도인이 된 젊은 한국 여인과 의미 있는 이야기를 나누었다. 그가 말했다. "신디, 다른 사람을 해치는 일도 아닌데 남자끼리 여자끼리 서로 사랑하는 것이 왜 잘못된 일입니까?" 바꾸어 말하면 그는 사랑이 모든 것을 바로잡는 원칙인지 알고 싶었다.

나는 잠시 기도한 뒤에 내가 머리말에서 소개했던 캘리포니아 주립대학교 버클리 캠퍼스에서 학생들에게 답한 대로 그에게 답했다. "저는 그 문제에 관해 사견이 없습니다. 다만 창조주께서 성경에서 뭐라고 말씀하시는지 봅시다." 나는 로마서 1장 24-27절을 읽었다.

> 그러므로 하나님께서는, 사람들이 마음의 욕정대로 하도록 더러움에 그대로 내버려 두시니, 서로의 몸을 욕되게 하였습니다. 사람들은 하나님의 진리를 거짓으로 바꾸고, 창조주 대신에 피조물을 숭배하고 섬겼습니다. 하나님은 영원히 찬송을 받으실 분이십니다. 아멘.
> 이런 까닭에, 하나님께서는 사람들을 부끄러운 정욕에 내버려 두셨습니다. 여자들은 남자와의 바른 관계를 바르지 못한 관계로 바꾸고, 또한 남자들도 이와 같이, 여자와의 바른 관계를 버리고 서로 욕정에 불탔으며, 남자가 남자로 더불어 부끄러운 짓을 하게 되었습니다. 그래서 그들은 그 잘못에 마땅한 대가를 스스로 받았습니다.

그는 창조세계를 향한 하나님의 뜻을 즉시 깨달았다. 나는 다른 말을 하지 않았는데도 그는 답을 찾았다. 성경에 명확하게 기록되어 있는데도 플레처는 저서 《윤리적 책임》(Moral Responsibility)에서 "혼외정사가 항상 나쁜 것만은 아니다. 그리스도인에게도 마찬가지다"라고 말한다.[7] 하나님은 성범죄―간통, 동성애―는 분명히 죄라고 말

---

6. 로마서 13장 10절.

쏨하신다. 세상의 통념대로 '참된 사랑'이냐에 따라 죄가 사랑으로 둔갑할 수 없다. 하나님의 말씀에 위배되는 사랑은 어떤 것이든 참된 사랑이 아니다. 하나님의 생각보다 우리의 생각을 앞세우면 하나님의 진리를 왜곡하고 진리를 거짓말로 만들게 된다. 거짓말을 좇으면 플레처가 약속한 기쁨과 자유는커녕 사망에 이르고 만다.

지금 당신의 신념 체계를 면밀히 살펴보라. 당신은 상황윤리에 따라 판단하지 않는가? 당신의 도덕관의 기반이 사회 통념에 있는지 하나님의 말씀에 있는지 알려 달라고 성령님께 청하라.

플레처의 철학은 이신론(하나님은 우주를 만드시고 내버려 두신다)과 세속주의(하나님은 존재하지 않으므로 우리와 아무런 상관이 없다)를 연결한다. 플레처는 '자유주의 신학자'였으나 결국 양의 탈을 쓴 세속주의자가 되었다. 강력히 항의할지 모르나 오늘날 대다수 교회의 모습이 이와 같다. 더 이상 죄에 대해 설교하지 않는 목사들이 많다. 우리는 모두 선과 악을 구별할 줄 안다고 생각한다. 정말로 그러한가?

민족의 세계관을 철저히 바꾸려면 교회가 다시 건강한 교리를 선포해야 한다. 우리는 사람들을 위해 진리의 기초를 닦아야 한다. 우리는 성경을 중심에 두어야지 구도자를 중심에 두면 안 된다. 그렇게 하지 않으면 영혼을 구원하는 열정을 잃고 구도자의 거부감을 없애려고 복음을 깎아낼 것이다.

우리는 교회에서만 말씀을 가르칠 뿐 아니라 경건한 가치를 사회로 내보내야 한다. 시장에서 영향력을 발휘하는 사람이 되어 하나님의 지혜를 널리 전해야 한다. 우리는 자녀들을 제자로 길러야 한다.

그들이 경건한 리더가 되어 정의로운 사회를 만드는 데 필요한 지혜가 다른 어떤 것보다 성경에 더 많이 있음을 분명히 가르쳐야 한다.

우리 신자들은 지금까지 차세대를 민족의 지도자로 양육하는 일을 소홀히 했다. 다른 이념들은 태만하지 않았다. 공산당은 공산주의 신조를 전 세계에 퍼뜨렸다. 공산주의자들이 대륙 전체에 영향을 끼칠 수 있었다면 우리가 하지 못할 이유가 어디에 있는가? 공산주의는 기독교의 모조품이다. 하나님은 민족들을 위한 계획을 세우셨다. 우리는 그것이 무엇인지 알기만 하면 된다.

동유럽에서 공산주의가 무너진 뒤에 일부 그리스도인들이 권력을 잡았지만 그들은 국정을 운영할 능력이 없었다. 결국 사람들은 강경 노선의 공산주의자들을 재선출했다. 적어도 그들은 정부 조직을 이끌 힘이 있었다. 그들이 사상 교육을 받으면서 정부를 전복하는 방법과 세우는 방법을 배웠기 때문이다. 그들은 미리 준비한 체계가 있었다. 그리스도인들은 없었다.

어떤 사람들은 여전히 물을 것이다. "그러나 국가적인 부흥이 일어나면 모든 게 바뀌지 않겠는가?" 옳다. 그것이 중요한 출발점은 될 것이다. 그러나 부흥만으로는 부족하다. 민족을 제자로 만들려면 복음전도가 중요하기는 하지만 사람들이 구원받은 뒤에 "거룩한 나라의 사고방식"을 가지도록 그들을 제자로 삼을 준비를 해야 한다. 교

---

7. Joseph F. Fletcher, *Moral Responsibility: Situation Ethics at Work* (Philadelphia: Westminster Press, 1967), 138.

회와 기독교 대학들이 손대지 못한, 사회의 첫 다섯 관문 곧 (1) 정부, (2) 미디어와 커뮤니케이션, (3) 시장, (4) 예술, (5) 교육 분야에서 그들이 하나님의 말씀으로 마음을 새롭게 하여 제자가 되도록 해야 한다.

우리 부부는 어릴 적 매주 주일학교에 다니며 성경을 배운 일을 이야기하지만 오늘날 제자훈련을 단계별로 시키지 않는 교회가 많다. 아직 주먹구구식 교육에서 벗어나지 못하고 성경적 세계관도 가르치지 않는다. 교회들은 대개 하나님 마음으로 제자 삼는 법을 모른다. 우리는 사람들을 종으로 만드는 데에는 뛰어나지만 이집트를 다스렸던 요셉처럼 다스리는 사람으로 훈련하는 데에는 서툴다. 우리는 하나님 나라의 대문 열쇠를 가지고 있으면서도 오늘날 민족들을 위해 천국의 창문도 못 열고 있으니 어찌된 일인가?

우리는 다음 장부터 사회의 각 영역을 살피고 하나님의 뜻에 따라 각 영역이 재건될 때 어떤 모습으로 바뀔지 예상해 볼 것이다. 성경의 토대가 사회에서 밀려난 지 오래되었지만 하나님은 우리의 재건을 도우실 것이다. 우리는 우리의 민족, 조직, 학교, 자녀들의 정신과 영혼을 위해 의로운 싸움을 싸울 채비를 갖추어야 한다.

제 5 장

민족을 가르치라

우리는 주님의 지상 명령을 암기하다시피 하지만 이 말씀의 참뜻을 모를 때가 많다. 우리는 이 명령을 "가서 사람들을 기독교로 개종시켜라"라는 것으로 이해한다. 그러나 사실은 "가서, 모든 민족을 제자로 삼아서… 내가 너희에게 명령한 모든 것을 그들에게 가르쳐 지키게 하여라"이다(마 28:19-20). 더 쉽게 말하면 "가서 학생들에게 하나님의 방법과 지혜를 가르쳐라"이다. 또는 "그들에게 성경의 참된 세계관을 가르쳐라"라고 바꿀 수도 있다.

이 말은 우리가 가는 곳마다 주일학교를 시작하라는 것인가? 그렇지 않다. 제자도를 가르치는 주일학교도 필요하지만 우리는 초등학교부터 대학교까지 학생들이 있는 학교로 찾아가야 할 뿐 아니라 가정교육도 해야 한다. 그러나 우리는 민족을 가르칠 책임을 정부에

넘겼고 인본주의적 자연주의의 가르침을 과학으로 인정했다. 이제 이 불경건한 철학은 모든 과목에 침투했다.

처음에는 이렇지 않았다. 백 년 전만 해도 학교를 세우고 커리큘럼을 짜고 학생들에게 삶의 지혜를 가르친 사람은 그리스도인들이었다. 50년 전만 해도 미국 학생들은 교실에서 기도로 하루를 시작했다. 이러한 일들이 어떻게 다 바뀔 수가 있는가?

오늘날 예수님이 우리에게 명령하신 모든 것을 배우고 지키는 민족이 하나라도 있는가? 왜 없을까? 민족을 가르친다는 것은 어려운 일이다. 그러나 모든 신자는 민족을 가르칠 소명이 있다. 중요하지 않은 신자는 아무도 없다. 주부, 임원, 기술자 모두 민족을 개혁하는 데 각자 할 일이 있다!

내 말에 놀랐는가? 나도 마찬가지였다. 나는 오랫동안 성경을 읽고 사람들을 만나 전도했지만 민족을 제자로 삼을 뿐 아니라 가르칠 책임이 나에게 있다는 것을 전혀 몰랐다. 나는 이것을 왜 깨닫지 못했을까?

한 가지 이유는 나는 생각의 그릇이 크지 못했다는 것이다. 그리스도의 몸인 교회도 대부분 이것을 깨닫지 못하고 있음이 분명하다. 어떻게 그럴 수 있을까? 우리는 대개 아무런 의심 없이 문화적 세계관을 받아들인다.

우리가 문화적 세계관을 그대로 수용하는 이유 중 하나는 그리스 사고방식인 이원론 때문이다. 서구에서 교육을 받은 사람은 대부분 모든 사물을 인식할 때 그리스 사고방식을 여과기로 사용한다. 이원론은 세계를 영혼과 물질의 범주로 나누어 영적인 것은 순수하고 선하며 물질적인 것은 더럽고 악하다고 인식한다. 이원론에 의하면 사람의 몸은 '감옥'이고 사람의 순수한 영혼의 장애물이다. 플라톤의 사상에도 이원론이 나타난다. 그는 영적 '형상'은 지상의 물질적 '복제품'보다 더 순수하고 실재한다고 말했다. 이원론은 사회적이라기보다 매우 개인적이다. 이 철학에 영향을 받은 사람들은 제자를 삼으라는 예수님의 명령을 영적인 명령으로 이해하고 기독교로 개종하고 영적으로 사는 것만 가르치면 된다고 생각한다. 그들은 이것을 개인의 일로 생각하고 사회와 국가와 상관이 없다고 생각한다. 우리는 스스로 구석에 틀어박혀 사회와 단절되고 말았다.

그 결과로 우리는 마태복음 28장 19-20절을 "세상으로 가서 개인을 전도하고 그들이 성경의 영적 교훈에 순종하게 가르치라"는 것으로 해석한다. 물론 우리는 그렇게 해야 한다. 하나님은 모든 사람이 구원을 받아(딤전 2:4) 풍성한 삶을 살기를 바라신다. 그러나 우리는 가서 모든 민족이 성경의 교리, 원칙, 성품, 윤리, 도덕을 지키는 법을 가르치라는 책무를 잊고 있다. 우리는 월요일부터 토요일까지 세상의 영향을 받고 살면서도 거꾸로 우리가 사회를 가르쳐야 한다는 책임을 조금도 깨닫지 못한다. 사실 우리는 민족을 가르치고 제자로 삼고 교육하는 것에 관해 전혀 모르기 때문에 사회의 모든 영역 곧 비즈니스, 정부, 과학, 법률, 교육 등에 예수님의 가르침을 적용할 수 있다는 것조차 모르는 그리스도인들이 태반이다.

피터 와그너는 저서 《일터교회가 오고 있다》(The Church in the

Workplace)에서 데니스 피콕의 말을 인용해 이원론이 비즈니스와 금융에 끼치는 영향을 설명한다.

> 복음주의 기독교는 끔찍할 정도로 이원론에 오염되었다. 비즈니스와 돈과 같은 '세상 것'을 다룬다고 시장을 '세속적'이라고 말한다. 간음은 죄로 여기면서 경제와 정치와 같은 세상의 영역은 기독교가 경제, 생산, 경영, 유통에 영향을 줄 여지가 없는 '중립지대'라고 생각한다. 따라서 이러한 영역에서는 기독교 사역이 불가능하게 된다.[1]

대로우 밀러는 이러한 생각을 복음주의적 영지주의라고 말한다. 간단히 말하면 영적 세계와 자연 세계를 명확히 구분한다는 의미다. 두 세계는 겹치지 않는다. 신앙, 신학, 선교와 같은 삶의 영역은 거룩하거나 영적이라서 '교회 상자'에 들어간다. 구제, 과학, 정부, 법률과 같은 삶의 물질적 영역은 이보다 덜 중요하기 때문에 '속세 상자'에 들어간다. 따라서 설교하는 목사는 '영적 상자'에 들어가고 설교를 하지 않는 일반 교인은 '속세 상자'에 들어간다.

세계관을 새롭게

그러나 성경의 생각은 다르다. 구약성경은 이원론을 철저히 물리친다. 히브리인은 하나님이 자연계의 창조주라고 생각한다(창 1:1).

따라서 자연계는 하나님의 선물이며 선하다. 신체도 하나님의 선물이기 때문에 역시 선하다. 하나님이 사람의 몸을 만드시고 선하다고 말씀하셨다. 영혼과 몸—또는 영과 혼, 육—의 구별조차 뚜렷하지 않다. 성부와 성자, 성령이 계시지만 하나님이 한 분이신 것과 같이 우리도 하나이다.

하나님은 개인에게뿐 아니라 민족에게도 말씀하시며 교회에 하시는 말씀은 사람들이 모이는 장터, 학교, 연구실, 병원, 박물관, 극장, 카페 구석에서 벌어지는 정치 토론에도 똑같이 적용된다. 성경적 세계관에 의하면 하나님이 세상을 만드셨기 때문에 과학을 연구하거나 가르치는 일은 모두 영적이다. 예술과 아름다움을 사랑하는 마음은 창조주가 주시는 것이기 때문에 우리는 그림, 음악, 드라마를 통해 그 마음을 표현해야 한다. 하나님의 자녀라면 삶의 모든 영역에서 혼란을 질서로 바꾸어야 할 책임이 있다.

우리는 하나님이 명령하신 모든 것을 세상에 가르칠 책임이 있는데도 우리는 그 방법을 모를뿐더러 그 일이 우리의 책무임을 모른다. 요한복음 3장 16절을 다시 읽자. 하나님이 세상을 사랑하시며 우리도 세상을 사랑하기를 바라신다. 우리는 창조세계를 다스리라는 창세기의 명령으로 돌아가야 한다. 우리는 성령님과 함께 개인을 그리스도께 인도하는 전도(천국과 지옥을 오가는 중요한 문제)뿐 아니라 만

---

1. C. Peter Wagner, *The Church in the Workplace* (Ventura, CA: Regal Books, 2006), 14. 《일터교회가 오고 있다》(WLI 펴냄).

물을 돌보고 다스릴 책임을 다해야 한다. 그러고 나서야 우리는 하나님의 뜻대로 민족을 가르치는 방법을 알게 된다.

이것은 너무 낙관적인 목표인가? 아니다. 나는 여러 나라를 여행하면서 민족들이 하나님의 뜻에 순종하는 매우 낙관적인 모습을 보았다. 앞에서 말했던 아르헨티나가 그 중 하나이다. 그러나 솔직히 말하면 성경이 위임한 바를 성취한 민족은 없다. 미국은 건국 당시 어느 정도 성취했지만 오늘날 그 유산은 먼지에 쌓인 채 방치되어 있다.

우리는 모든 민족을 가르치는 일에 실패했지만 인본주의자들은 성공했다는 사실을 생각하면 나는 마음이 무겁다. 그들은 서구에서 이 일을 완수했다. 다른 나라들도 그들에게 영향을 받았다. 그 나라의 지식인들이 인본주의 세계관에 물든 대학교에서 교육을 받았기 때문이다.

어떻게 된 일인가? 찰스 다윈의 조부 에라스무스 다윈이 영국에서 오래 전에 수립한 사악한 전략이 모든 것의 시작이었다. 그는 도자기로 유명한 웨지우드 가문과 혼인관계를 맺은 매우 부유한 가문 출신의 의사였다. 진화론 사상을 처음 보급한 사람들이 유력하고 부유한 사람들이라는 사실은 흥미롭다.

에라스무스는 루나 학회(Lunar Society) 회원이었다. 뛰어난 기업가, 자연 철학자, 지식인들 열네 명으로 구성된 이 학회는 1765년부터 1813년까지 영국 버밍햄에서 정기적으로 모였다. 루나 학회는 자신의 사회주의 목적을 방해하는 유일한 최대 장애물이 성경이라고 판

단했다. 영국에서 교회의 힘을 무력화하는 것이 그들의 주된 목적이었다.[2]

그들은 교회를 직접 공격해서는 승산이 없다는 것을 알고는 성경과 창조론의 신용을 떨어뜨릴 계획을 세웠다. 하나님이 창조주가 아니라고 주장할 계획이었다. 그들은 하나님이 창조주가 아니라면 하나님의 법도 효력이 없다고 사람들이 결론을 내리라 생각했다. 영국의 교회는 하나님의 법을 수호하기 때문에 창조주를 불신하게 만들면 교회도 아울러 신뢰를 잃을 것이라고 생각했다.

이것은 사악하게도 훌륭한 계획이었다. 루나 학회의 설립자인 에라스무스는 《주노미아》(Zoonomia)를 지었다. 이 책은 손자 찰스 다윈이 《종의 기원》(1859)에서 주장하는 내용의 기반이 되는 책이었다. 《종의 기원》의 부제는 '자연선택이나 생존 경쟁에 유리한 종족의 보존 방법'이다. 칼 마르크스와 아돌프 히틀러는 다윈의 사상에 심취했으며 그 결과 유대인 대학살로 유대인 600만 명이 죽었고 공산주의자들의 손에 수천만 명이 목숨을 잃었다.

루나 학회의 다른 회원들도 이 파괴 공작에 가담했다. 주요 인물로 제임스 허튼(James Hutton, 1726-1797)이 있다. 그는 지구적 홍수 사건을 무식한 유대인 작가들이 지어낸 이야기라며 부정했다. 지질학자인 그는 지구의 나이가 성경학자들이 성경을 바탕으로 계산한

---

2. R.E. Schofield, "The Lunar Society of Birmingham," *Scientific American* 247 (June 1982), quoted in Caryl Matrisciana and Roger Oakland, *The Evolution Conspiracy* (Eugene, OR: Harvest House, 1991), 58.

6,000년보다 훨씬 더 많다고 믿었다.³

허튼과 다윈의 사상을 자연주의라고 부른다. 자연주의자들은 "흔히 초자연이라고 부르는 현상이나 가설은 거짓이거나 자연 현상이나 가설과 본질로 다르지 않다"라고 믿는다.⁴ 이 해석에 따르면 우리는 초자연적인 것 이를테면 하나님에 관해 아무것도 알 수 없다.

태초에

진화론의 가르침으로 우리의 생각은 유신론(하나님은 창조주이고 우주를 다스리심)에서 인본주의적 자연주의로 크게 바뀌었다. 우리 자녀들은 매일 학교에서 이 신조에 지배당한다. 답지에 하나님이 세상을 창조하셨다고 쓰는 학생은 낙제한다. 게다가 〈디스커버리 채널〉, 〈애니멀 플래닛〉, 만화, 영화를 비롯한 여러 미디어와 오락물들이 이러한 사상을 어린이들에게 주입하는데 우리는 관심도 없다.

텍사스 주 댈러스에 있는 열방신학교(Christ for the Nations) 총장 데니스 린지(Dennis Lindsay)는 평생 창조과학을 연구한 학자이다. 사실 그는 이 주제로 책을 열두 권이나 썼다. 그는 1925년 스콥스 재판(Scopes Trial)이 미국 교육의 중대한 분기점이라고 말한다. 〈신의 법정〉(Inherit the Wind)이라는 연극으로도 공연된 이 재판으로 공립학교의 진화론 교육이 합법화되었다. 그때까지 학교에서는 미국 건국의 토대였던 성경을 가르쳤다. 진화론은 여전히 논쟁의 대상이었다.

그러나 30년이 채 못 되어 상상조차 못했던 결과가 생겼다. 1962

년에는 교내 기도회가 금지되고 1963년에는 성경공부가 금지되었다. 1925년 사람들 대다수는 태초의 진흙에서 단세포 동물이 "우연히" 생겼다는 것은 물론 사람과 원숭이가 가까운 친척이라는 생각을 비웃었다. 사람들은 대개 하나님이 사람을 창조하셨고 사람은 동물과 다르다고 믿었다.

그렇다면 이치에 맞지 않는데도 진화론이 100년 전보다 더 유행하게 된 까닭은 무엇일까? 1925년이나 지금이나 진화론을 뒷받침할 만한 화석은 더 이상 나오지 않는다. 데니스 린지는 저서 《초보자를 위한 진화론》(The ABCs of Evolutionism)에서 말한다.

> 발견된 화석은 모두 100% 원숭이나 100% 사람이 아니면 100% 사기다. 중간화석은 하나도 발견되지 않았다. 이 불쾌하게도 명확한 사실 앞에 진화론자들조차 중간 형태의 화석이 부족하다는 논문을 계속 써내고 있다.[5]

예를 들면 1994년 〈댈러스 모닝뉴스〉는 "조상의 흔적: 인류의 기

---

3. Ian T. Taylor, *In the Minds of Men: Darwin and the New World Order* (Toronto: TFE Publishing, 1984), 55-57, 67, 120, quoted in Matrisciana and Oakland, *The Evolution Conspiracy*, 58-59.
4. "Naturalism," *Wikipedia: the free encyclopedia*, updated September 19, 2007, http://en.wikipedia.org/wiki/Naturalism (accessed September 20, 2007).
5. Dennis Gordon Lindsay, *The ABCs of Evolutionism* (Dallas, TX: Christ for the Nations's Publishing, 1995), 228-229.

원을 좇는 과학자들의 길을 흐리는 불편한 증거"라는 기사를 냈다.

> 증거가 부족한 탓에 루시[이 기사가 다루는 화석]의 첫걸음부터 약 3만 5,000년 전 네안데르탈인의 마지막 날숨까지 인류 진화의 거의 모든 단계에서 논란이 더한다.
> "[진화론은] 이를테면 복잡한 이론을 다루는 고에너지 물리학과는 판이하게 다릅니다." 뉴욕 주립대학교 빙햄튼 캠퍼스의 필립 라이트마이어(Philip Rightmire) 교수가 말했다.
> 인간의 진화에는 정교한 이론은커녕 화석 한줌과 인간의 조상에 대해 일치하지 않는 고고학 증거와 DNA 증거 한 더미가 전부이다.[6]

(열방신학교에는 창조과학 박물관이 있다. 관심 있는 일반인은 누구나 방문할 수 있다.)

과학이 된 철학

우리 사회에 무슨 일이 생기고 있는가? 관찰된 사실을 바탕으로 우주와 자연을 연구해야 할 과학이 돌연히 창조주의 존재 여부와 같은 영적인 문제를 다룰 권리를 주장하고 있으니 어떻게 된 일인가? 우리는 분명히 알아야 한다. 진화론에 근거해 우주의 기원을 설명하는 자연주의자들의 주장을 믿는 것은 창세기를 믿는 것보다 훨씬 더 '맹목적'이다. 그러나 자연주의 가르침은 매우 철저하기 때문에 우리는 더 이상 요한복음 3장 16절로 전도를 할 수가 없다. 이와 같은 구절은 하나님의 존재와 천지창조를 전제한다. 오늘날 복음을 전하려면 창세기 1장 1절부터 말해야 한다. "태초에 하나님이 천지를 창조하셨다."

나는 비행기에서 동성애자에게 복음을 전한 일이 있다. 그는 정말로 쾌활한 청년이었다. 우리는 놀라운 대화를 나누었다. 우리는 사회의 법에 관해 이야기했다. 우리는 동성애를 직접 거론하지는 않았지만 우리는 그러한 생활방식이 옳은지 그른지를 주제로 이야기했다.

나는 그에게 물었다. "아버지가 계신가요?" "그럼요." "어릴 때 아버지가 정해준 규칙 같은 건 없었나요?" "있었어요"(그는 부모를 만나러 가는 길이었다). "아버지가 왜 그러셨다고 생각해요?" "흠, 가정의 권위자로서 그럴 권리가 있었기 때문이 아닐까요?"

나는 이어서 물었다. "우리 사회에는 왜 법이 있는 걸까요?" 그가 답했다. "질서를 지키려면 법이 있어야죠." 나는 받아쳤다. "법은 지키라고 만든 게 아닐까요?" 나는 신호를 위반하는 것부터 절도와 살인을 예로 들었다. 그는 방긋 웃으며 답했다. "물론이죠."

"그러면 성경 말씀대로 하나님이 계시고 만물을 창조하셨다고 합시다. 성경은 하나님이 우주를 만드시고 나서 규칙을 정하셨다고 말합니다." 그가 말했다. "그렇군요." 내가 말했다. "그는 권위자이고 창

---

6. Matt Crenson, "On Ancestral Trails: Conflicting Evidence Muddies Path for Scientists Tracking Human Origins," *The Dallas Morning News*, May 9, 1994, http://nl.newsbank.com.

조주로서 법을 정하셨어요. 그는 그 법을 성경에 기록하셨습니다. 우리가 하나님의 법을 어기면 어떻게 될까요?"

나는 그가 내 말을 이해하고 있음을 눈빛을 통해 알았다. "〈그리스도의 수난〉이라는 영화를 보셨어요?" 그가 답했다. "내 친구가 같이 보자고 했어요." 나는 "그 영화가 어떤 영화이고 당신이 어떻게 해야 하는지 내가 말해드릴 게요"라고 말한 뒤에 그에게 복음을 전했다.

그 뒤에 일어난 일이 유쾌하다. 그는 웃으면서 가방에서 책 한 권을 꺼냈다. "신디, 이 책 읽으셨어요? 내 파트너가 읽으라고 줬어요." 릭 워렌의 《목적이 이끄는 삶》이었다.

내가 하고 싶은 말은 그가 요한복음 3장 16절의 전제를 몰랐기 때문에 나는 창세기로 돌아가서 그에게 복음을 전할 수밖에 없었다는 것이다.

동물과 다를 바 없다

다원주의 때문에 여러 나라에서 기독교는 분노를 사고 거부된다. 미국도 예외가 아니다. 사회다원주의는 인간은 원숭이가 진화한 고등동물일 뿐 영혼을 지닌, 하나님의 피조물이 아니라고 주장한다. 그러나 그들은 진보주의를 믿는다. 시간이 지나면 인간이 더욱 발달하여 유토피아가 도래하고 세계 평화가 이룩될 것이라고 장담한다. 우리는 "썩지 않는 하나님의 영광을, 썩어 없어질 사람이나 새나 네 발 짐승이나 기어다니는 동물의 형상으로 바꾸어 놓았"다(롬 1:23). 이 때문에 하나님은 우리를 "더러움에", "부끄러운 정욕에", "타락한 마음 자리에" 그대로 내버려 두셨다(롬 1:24-28).

일부 동물보호 운동가들은 동물을 죽인 사람은 살인자와 똑같이 재판을 받게 해야 한다고 주장한다. 그들은 우리가 모두 진화의 단계만 다를 뿐 동물에 불과하다고 믿기 때문이다(나도 동물을 사랑하고 동물 학대에 반대하는 사람이다). 데즈먼드 모리스의 《털 없는 원숭이》(The Naked Ape, 1967)가 이러한 생각을 널리 퍼뜨렸다. 나는 믿을 수가 없다. 사람이 원숭이에서 진화되었다는 증거가 없기 때문이다.[7]

노예주들이 거듭난 그리스도인이라 자처하면서도 노예를 소유할 수 있었던 이유는 사로잡힌 아프리카인들이 영혼이 없는 동물이라고 믿었기 때문이다. 이 뿌리 깊은 죄는 인종차별보다 선행하고 다원주의와 비슷하다. 그들은 자기가 동물보다 우월한 존재라고 생각했기 때문에 노예를 마음대로 부려도 된다고 믿었다. 큐 클럭스 클랜(Ku Klux Klan)은 백인우월주의를 믿었고 아프리카계 미국인은 동물과 다름없기 때문에 죽여도 된다고 생각했다. 오늘날 진화론은 이러한 인종적 미움의 뿌리를 쉽게 살찌운다.

다윈의 자연선택설도 이 사상을 뒷받침한다. 특정 인종과 민족만이 가장 진화되었고 가치가 있다. 다윈의 《종의 기원》의 부제를 아는 사람은 많지 않다. 유리한 종족의 보존이다. 불행하게도 우생학

---

7. 이 주제에 관해 가장 좋은 책이다. Dave Breese's *Seven Men Who Rule the World From the Grave* (Chicago: Moody Publishers, 1990). 《무덤 속에서 세상을 움직이는 일곱 사람》 (생명의말씀사 펴냄).

개념은 20세기 초 나치에게만 인기가 높았던 것이 아니다. 미국의 대통령을 포함한 주요 인물들이 우생학을 지지했다.

나는 이 장에서 진화론과 창조과학의 가르침을 철저히 분석할 생각은 없지만 오늘날 인본주의자들이 하나님을 제거할 목적으로 만든 우리 사회가 어떤 사회인지 이해하는 데 이 논의는 매우 중요하다. 인본주의는 모든 인류에게 보편적으로 있는 인간의 선함을 통해 올바른 세상을 만들 수 있다는 믿음이다. 인본주의자들은 성경의 하나님을 믿지 않는다. 그들은 사람들이 본래 선하고 내면의 선을 통해 올바른 선택을 한다고 믿는다. 올바른 것은 창조주의 법이 아니라 사회 전체가 바라는 것과 합리적인 것 두 가지다.

사회다윈주의는 인본주의로 탈바꿈했고 사회적 컴퓨터 바이러스가 되어 지구촌 사회를 파괴했다. 우리는 성경적 정의를 다루는 장에서 우리가 이 바이러스에 받은 영향을 살펴볼 것이다. 나는 미국의 예를 많이 들지만 다른 나라의 독자들도 자기 나라와 법률 제도에 성경을 적용할 수 있을 것이다.

커지는 인본주의의 영향

인본주의자들이 어떻게 자신의 이상을 뿌리내릴 수 있었는가? 답은 간단하다. 교육 제도를 통해서이다. 인본주의자들은 민족을 가르치는 방법을 알았다. 그들은 아이들을 교육함으로써 나라들을 자신의 신념 체계를 믿는 제자로 길렀다. 이것이 유럽 전역과 미국에서 일어난 일이다.

미국을 기독교가 아니라 인본주의에 기초한 나라로 바꾸는 계획은 치밀했다. 이 계획은 1933년 인본주의자 선언에서 출발했다. 그리스도인들은 이 선언의 전문을 읽고 기겁을 했다. 게다가 '현대 미국 교육의 아버지' 존 듀이가 그 선언에 서명했다는 사실에 소스라쳤다. 아래에 일부를 인용한다.

> 현대 세계에 종교적 신념이 급격히 변하고 있음을 널리 인정할 때가 도래했다. 전통적 태도를 수정할 때는 지났다. 과학과 경제의 변화 앞에 오랜 신념은 무너졌다.… 아래에 서명한 우리는 종교적 인본주의의 이해를 증진하고자 우리가 현대의 삶이 입증하는 사실들을 믿고 있음을 선언한다.

그들은 이 전문에 이어서 자신의 신념뿐 아니라 계획을 담은 15개 조항을 나열한다. 일부를 인용한다.

> 1항. 종교적 인본주의자는 우주가 창조되지 않았고 자존한다고 생각한다.
>
> 5항. 인본주의는 현대 과학이 설명하는 우주의 속성에 따라 초자연적이거나 우주적인 무언가가 인간의 가치를 보증한다고 인정하지 않는다.

9항. 인본주의자는 예배와 기도의 구습 대신 개인 생활의 가치를 고양하는 것과 사회 안녕을 진흥하는 협력을 통해 종교적 감정을 표현한다.

10항. 지금까지 초자연적인 것을 믿는 것과 관련한 독특한 종교적 감정과 태도는 앞으로 없을 것이다.[8]

40년 뒤 1973년 폴 커츠(Paul Kurtz)와 에드윈 윌슨(Edwin H. Wilson)은 "제2차 인본주의자 선언"을 작성했다. 에드윈 윌슨은 제1차 인본주의자 선언을 작성하기도 했다. 그는 1926년 미드빌 신학교를 졸업하고 유니테리언파 목사가 되었다. 폴 커츠는 800개가 넘는 기사를 쓰고 45권이 넘는 책을 편집했고 뉴욕 주립대학교 버펄로 캠퍼스의 철학과 명예 교수이다.

이 제2차 선언으로 종교적 인본주의는 세속적 인본주의로 바뀌었다. 아래에 머리말의 일부를 인용한다.

인본주의자들은 1933년과 변함없이 전통적 유신론, 특히 사람을 위하고 돌보고, 기도를 듣고 이해하고, 사람을 위해 무언가를 할 수 있다는, 기도가 통하는 신을 믿는 신앙은 증명되지 않았고 시대에 뒤처졌다고 믿는다. 단순히 확신에 근거한 구원론은 해롭고 내세에 천국이 있다는 거짓 희망은 사람을 미혹한다. 이성적인 사람이라면 다른 생존 방법을 찾을 것이다.[9]

이 선언의 요점은 충격이다. 그들은 우리가 착취적인 성적 표현을 허용하지 않아야 한다고 말하면서도 자신은 두 성인이 합의한 성행위는 법이나 사회적 처벌로 막지 않겠다고 말한다. 그들은 낙태 권리도 주장한다. 그들이 기록한 성에 관한 내용이다.

> 우리는 정통 종교와 청교도 문화가 장려하는 편협한 태도가 성적 행동을 지나치게 억누른다고 믿는다.[10]

가치를 잃은 교육

나는 십진분류법[11]을 발명한 사람으로만 알았던 존 듀이가 "제1차 인본주의자 선언"에 서명했다는 사실을 알고는 무척 놀랐다. 그는 전 세계 교육자들을 가르치는 교육혁신가로서 유력한 인물이었기 때문에 어둡고 악한 영향력이 미국뿐 아니라 전 세계의 학교 제도에 침투했다.

듀이는 교육을 산업혁명의 대열에 세웠다. 교육은 더 이상 삶의 지혜를 가르치는 것이 아니라 직업을 얻는 기능을 가르치는 것이었

---

8. *Humanist Manifesto*, American Humanist Society, 1933. www.americanhumanist.org/about/manifesto1.html (accessed September 13, 2007).
9. *Humanist Manifesto II*, American Humanist Society, 1973. www.americanhumanist.org/about/manifesto2.html (accessed September 13, 2007).
10. 같은 사이트.
11. 도서관에서 책을 분류하고 찾는 데 사용하는 수 체계.

다. 사람의 가치를 결정하는 것은 더 이상 얼마나 성실하고 사회에 기여하는가가 아니라 어떤 직업을 얻을 수 있는가가 되었다. 이 근본적 변화로 도덕적 교육의 기둥은 뽑혀서 교실 밖으로 버려졌고 성경공부와 기도회의 금지는 시간 문제였다. 종교는 참된 지식을 익히는 데 도움과 기반이 되지 못하고 방해물이 되었다. 과학과 민주주의는 새로운 종교가 되었다.

듀이가 어떤 강연을 했는지 아래에 인용한다.

> 그러나 내가 이것 하나는 확신합니다. 종교의 성쇠에 관한 우리의 일반 견해는 매우 진부하고 대개 역사적 종교에서 신뢰할 수 없는 것들의 산물인 종교 규범을 인정한다는 것입니다. 종교가 인간의 경험에서 자연스럽게 나오는 표현이라고 생각하는 사람들은 삶이 무엇인지 더욱 연구해야 합니다. 잠재된 이 삶은 새로운 과학이며 더욱 새로운 민주주의입니다. 그들은 이 사상으로 아직도 교리적이고 봉건적 제도(예외가 있을까?)를 바꾸는 일에 관심을 기울여야 합니다. 그들은 과학과 민주주의의 영적인 취지와 현대 정신의 성취로 아름답게 피어날 종교의 형태를 불가피하게 인정하지 못하게 만드는 것으로부터 최선을 다해 모든 공립교육기관을 지켜야 합니다.[12]

이 철학은 미국뿐 아니라 여러 나라의 모든 공립학교 교육에 뿌리를 내렸다. 교육 제도의 종교는 인본주의가 되었고 이 종교는 공립학교 교실에서 전파된다.

듀이는 《학교와 사회》(School and Society)를 통해 학교가 인본주의의 온상으로 바뀌는 기초를 놓았다. 그의 의도는 다른 글에서도 드러난다.

> 학교 과목을 서로 이어주는 참된 중심은 과학, 문학, 역사, 지리가 아니라 학생들의 사회 활동이다.… 학교는 본래 사회 기관이다.… 학생을 평가하고 진급시키는 모든 문제는 같은 기준으로 결정해야 한다. 시험은 학생의 사회생활의 적합성을 평가할 때만 유효하다.[13]

인본주의는 하나님과 종교를 완전히 제거하는 진보주의와 자연주의 이론을 통해 주류로 자리매김했다. 1960년대 교육계는 이러한 이념에 장악되었다. 바꾸어 말하면 그들은 교육을 통해 사회를 변혁했다.

1972-1973년 미국교육협회 회장을 지낸 캐서린 버렛은 1975년 협회 회원들에게 다음과 같이 연설했다.

> 하루 수업의 4분의 1은 현재 초등교육의 거의 전체를 차지하는 이

---

12. Joseph Ratner, *John Dewey's Philosophy* (New York: Modern Library, 1939), 715, quoted in Breese, *Seven Men Who Rule the World From the Grave*, 165. 저자가 강조.

13. John Dewey, "My Pedagogic Creed," *The School Journal*, Vol. LIV, No. 3: 16 (January 1997): 77-80, quoted in Jim Nelson Black, *Freefall of the American University* (Nashville, TN: WND Books, A division of Thomas Nelson Publishers, 2004), 85.

른바 기초 지식을 가르쳐야 합니다. 나머지 시간에는 정말로 근본적이고 기초적인 것을 가르쳐야 합니다. 이를테면 학문을 탐구하는 시간, 학생이 관심분야를 공부하는 시간, 학생이 학생과 또 선생과 이야기하는 시간이 필요합니다. 교사는 지식을 전달하는 사람이 아니라 가치와 철학을 전달하는 사람이 되어야 합니다.[14]

하버드 대학교 정신과 의사 체스터 피어스(Chester M. Pierce)는 1972년 유아교육협회 기조연설에서 공립학교 교사들에게 차세대 변화를 주도하라고 주문했다.

> 다섯 살에 학교에 입학하는 미국의 모든 어린이는 정신이 병들었습니다.… 미국 건국의 아버지들, 국가 공무원들, 부모, 초자연적인 존재, 이 나라의 주권에 대한 믿음을 가지고 학교에 입학하기 때문입니다. 이 병든 어린이들이 미래를 책임질 세계적 어린이로 바뀌어 건강해지는 것은 여러분에게 달렸습니다.[15]

이 말과 1700년대에 200만 부가 팔린 《뉴잉글랜드 초급독본》(The New England Primer)과 같은 교재를 통해 우리가 아는 미국 유아교육을 비교해 보라. 그 당시 어린이들은 기도를 배웠다.

이제 내가 잠자리에 듭니다.
주님 내 영혼을 지켜주세요.

내가 잠든 채 죽더라도
주님 내 영혼을 지켜주세요.[16]

《맥거피 독본》(The McGuffey Reader)도 사랑을 많이 받은 교재였다. 이 책은 1836년과 1960년 사이에 1억 2,000만 권이 팔렸다. 지금도 한 해에 3만 부씩 팔린다.[17]

윌리엄 홈즈 맥거피(William Holmes McGuffey, 1800-1873)가 오하이오주 옥스퍼드에 있는 마이애미 대학교에서 가르칠 당시 그의 친구 해리엇 비처 스토(Harriet Beecher Stowe, 미국 노예제의 종말을 알린《톰 아저씨의 오두막집》의 저자)는 초등학교 4학년 국어 교재 작가로 그를 출판사에 추천했다. 이 독본들은 미국의 도덕을 바로 세웠다. 거짓말, 기만, 도둑질, 욕설이 나쁘다고 가르쳐서 어린이들의 성품을 바로잡았다. 이로써 미국의 윤리 의식이 강해졌다.《맥거피 독본》은 미국 역사에서 중요한 자리를 차지했다.

---

14. Charlotte Thomson Iserbyt, *The Deliberate Dumbing Down of America: A Chronological Paper Trail* (Ravenna, OH: Conscience Press, 1999), quoted in Black, *Freefall*, 86. 저자가 강조.

15. Chester M. Pierce, Keynote address, The Association for Childhood Education International, Denver, 1972, quoted in Black, *Freefall*, 87.

16. "The New England Primer," *Wikipedia, the free encyclopedia*, updated September 8, 2007, http://en.wikipedia.org/wiki/The_New_England_Primer (accessed September 13, 2007).

17. "McGuffey Readers," *Wikipedia, the free encyclopedia*, updated August 26, 2007, http://en.wikipedia.org/wiki/McGuffey_Readers (accessed September 13, 2007).

이 책들과 가치관에 비해 오늘날 미국의 주요 대학교는 무엇을 가르치고 있는가? 미시건 대학교는 영어 과목 "게이가 되는 법: 남성의 동성애와 입문"을 가르친다. 메릴랜드 대학교 학생들은 "레즈비언과 게이, 양성애 문학의 주제"를 공부할 수 있다. 캘리포니아 주립대학교 로스앤젤레스 캠퍼스는 "스톤월(Stonewall) 이전의 레즈비언과 게이 문학"과 같은 과목을 개설한다(스톤월은 동성애 권리 찾기 운동의 결정적 계기가 된 사건이 일어난 술집 이름 ─ 역주). 이 밖에 여러 대학교가 성정치학, 게이와 레즈비언 음악학 과목을 개설한다.[18] 어떤 목적이 있을까? 미국의 '게이화'이다. 이것은 동성애 선언을 작성한 사람들의 의제이다. 풍자적으로 작성된 것이지만 열방을 '게이'로 만들려는 목적을 가진 사람들은 이 선언을 신조로 따른다.

이 계획은 초등학교와 유치원까지 손을 뻗쳤다. 노스캐롤라이나 주 학교에서는 다섯 살 어린이들이 동성애에 관한 책을 읽는다. 권장 도서 중에는 린다 더한과 스턴 네이란트가 지은 《왕과 왕》이 있다. 왕이 왕과 결혼하는 내용이다. 이와 같이 동성애 주제의 어린이 책들이 40권이 넘게 읽히고 있다.

1967년 샌프란시스코에서는 히피 운동 '사랑의 여름'(1967)이 태동했다. 실은 하나님께 저항하는 물결을 사회로 쏟아낸 간음과 죄의 여름이었다. 이 운동에 동참한 사람들은 대학을 졸업하고 여러 나라의 대학 교수가 되어 학생들에게 자신의 이념을 가르쳤다. 그 결과 오늘날 사회가 바뀌었다.

견고한 진을 파하라

사탄은 전략가이다. '사랑의 여름'이 시작되기 겨우 몇 년 전에 공립학교에서 성경공부와 기도회가 공식적으로 사라졌다. 그때부터 학생 수백만은 매일 학교에서 배우던 하나님의 진리를 배우지 못하고 하나님을 우주의 창조주와 통치자로 인정하지 않았다. 이러한 사건들은 분명히 상관이 있다.

우리는 세계의 지도자들이 자녀를 맡기는 미국의 교육 제도를 보면서 로마서의 경고를 들어야 한다.

> 하나님의 진노가, 불의한 행동으로 진리를 가로막는 사람의 온갖 불경건함과 불의함을 겨냥하여, 하늘로부터 나타납니다. 하나님을 알 만한 일이 사람에게 환히 드러나 있습니다. 하나님께서 그것을 환히 드러내 주셨습니다.… 또한 남자들도 이와 같이, 여자와의 바른 관계를 버리고 서로 욕정에 불탔으며, 남자가 남자와 더불어 부끄러운 짓을 하게 되었습니다. 그래서 그들은 그 잘못에 마땅한 대가를 스스로 받았습니다.
>
> 사람들이 하나님을 인정하기를 싫어하므로, 하나님께서는 사람들을 타락한 마음 자리에 내버려 두셔서, 해서는 안될 일을 하도록 놓아 두셨습니다. 사람들은 온갖 불의와 악행과 탐욕과 악의로 가득

---

18. Black, *Freefall*, 192, 193.

차 있으며,…

로마서 1장 18-19, 27-29절

그렇다면 우리는 무엇을 해야 하는가? 여러 미국인은 자녀들을 가정에서 직접 가르치거나 기독교 사립학교에 보낸다. 훌륭한 선택이다. 그러나 그렇게 하지 못하는 자녀들은 어떻게 해야 하는가? 우리는 그들에 대한 윤리적 책임이 있지 않은가? 우리는 어떻게 모든 민족을 가르치고 학교의 현실을 뒤집을 수 있는가?

기독교 사립학교가 없는 나라는 어떻게 해야 하는가? 홈스쿨 교재를 살 수 없거나 사립학교에 자녀를 보낼 형편이 안 되는 가난한 사람은 어떻게 해야 하는가? 그들을 사회다원주의와 인본주의에 맡겨야 하는가? 첫째, 우리는 기도의 전략이 있어야 한다. 우리는 제9장 '하늘의 입법'에서 잘못된 교육을 통해 견고해진 강한 진을 파하는 방법을 살필 것이다.

둘째, 우리는 알아야 한다. 우리 자녀들이 무엇을 공부하고 있는가? 교과서를 살피고 수업에 참관하라. 학교 도서관을 둘러보라.

셋째, 우리 지역 대학교가 무엇을 가르치고 있는지 알아보라. 우리를 경악하게 만드는 과목이 개설되어 있다면 여러 사람에게 알리고 그 대학교에 공식 항의서를 보내라. 대학교 후원자들을 설득할 편지를 보내라. 지역구 국회의원에게 이의를 제기하라.

넷째, 제도권으로 침투하라. 주일학교 학생들에게 학교 선생님이 되라고 격려하라. 그들을 교육계의 선교사로 양육하라. 선생님들이

여, 하나님은 당신을 전 세계 어린이들의 삶을 변화시키는 변화의 사도로 기름 부으실 것이다. 하나님은 당신을 학교를 바꿀 거룩한 혁명가로 부르셨다.

다섯째, 교회들이 공립학교에 관여해야 한다. 교육 공무원 선거일을 확인하고 같은 지역의 교계 지도자들이 힘을 모아 경건한 사람들을 선출해야 한다.

나는 목사들이 교인들의 세계관을 책임지고 있음을 스스로 알기를 바란다. 역사를 살피면 모든 민족의 교회 목사들은 언제나 정의를 외쳤다. 당신 지역의 학교 상황을 알려줄 책임자를 정하라. 시장이나 고위 공무원들을 만나 이야기를 나누고 교인들에게 새로운 사실을 전하라.

공립학교의 상황에 대해 알게 된 그리스도인 부모들이 활발히 활동을 전개하고 있다. 전 세계의 기독교 사립학교들과 홈스쿨 운동은 민족을 변화시키는 열쇠이지만 공립학교에 공의를 불어넣어 민족을 변화시키는 일도 소홀히 해서는 안 된다.

학교 교사들은 함께 모여서 기도해야 한다. 하나님은 "인본주의자 선언"과 지상을 더듬는 그들의 촉수를 뒤집기를 바라신다. 하나님은 당신을 교육계의 개혁자로 부르신다. 학교에서 기도회를 조직하라.

목사들이여, 교사들을 중보기도자로 세우라.

아울러 우리는 모두 열방의 부흥을 위해 기도해야 한다. 우리는 가정과 학교에서 자녀들에게 하나님이 그들을 열방의 개혁자로 세우셨음을 가르쳐야 한다. 그래야 이 땅에 공의가 바로 서고 "내가 너희에게 명령한 모든 것을 그들에게 가르쳐 지키게 하라"는 성경 말씀이 성취될 것이다.

제 6 장

누가 재판관인가?

여러 해 전 나는 아르헨티나 마르델플라타에서 열린 어느 대회에서 설교를 앞두고 있었다. 나는 그날 밤에 무슨 설교를 해야 할지 몰라서 방을 서성이며 하나님께 기도했다. 내가 하는 말로 나는 그때 '설교 준비에 진을 빼고' 있었다.

호텔 방을 이리저리 오가는데 이상한 생각이 들었다. 국가 개혁을 예로 들어 설명한다. 나는 1990년부터 아르헨티나를 꾸준히 방문했다. 하나님은 해마다 아르헨티나를 향한 말씀을 주셨다. 그 말씀은 대개 급진적이었다. 예를 들면 나는 어느 해 지도자들이 모인 자리에서 아르헨티나의 경제가 붕괴될 것이라고 예언했다. 나는 시민들이 부에노스아이레스 거리에서 폭동을 일으켜 은행에서 돈을 찾는 환상을 보았다. 지도자들은 믿지 않았지만 2001년 아르헨티나 경제는 무너졌다.

그 뒤로 주님은 나로 아르헨티나를 재건하는 데 보탬이 될 예언을 하게 하셨다. 아름다운 해변 도시 마르델플라타에서 나는 사람들에게 세금을 정직하게 내라고 말해야 함을 알았다.

미국인에게는 세금을 내라는 말이 그다지 급진적인 말이 아닐 것이다. 납세의 의무를 지키지 않으면 감옥에 간다. 국세청은 탈세자를 가만 두지 않는다. 미국에도 여전히 세금을 내지 않는 사람이 있기는 하지만 대다수 국민은 성실히 납세의 의무를 지킨다. 그러나 아르헨티나를 비롯해 여러 개발도상국에는 탈세자가 많다.

그날 밤 나는 오페라 하우스를 개조한 큰 대회장에 섰다. 나는 청중을 바라보며 하나님이 우주의 재판관이심과 우리가 하나님을 기쁘시게 하려면 하나님께 대해서뿐 아니라 세상 정부에 대해서도 정직해야 한다고 말했다. "여러분은 정부가 부패하고 세금을 거둘 자격이 없다고 생각하기 때문에 세금을 내지 않는 것입니다. 그러나 성경은 로마서 13장 1-2절과 7절에서 이 문제를 명확하게 지적합니다."

> 사람은 누구나 위에 있는 권세에 복종해야 합니다. 모든 권세는 하나님께로부터 온 것이며, 이미 있는 권세들도 하나님께서 세워주신 것입니다. 그러므로 권세를 거역하는 사람은 하나님의 명을 거역하는 것이요, 거역하는 사람은 심판을 받게 될 것입니다.… 여러분은 모든 사람에게 의무를 다하십시오. 조세를 바쳐야 할 이에게는 조

세를 바치고, 관세를 바쳐야 할 이에게는 관세를 바치고, 두려워해야 할 이는 두려워하고, 존경해야 할 이는 존경하십시오.

나는 예배를 마치기 전에 탈세한 적이 있는 사람은 모두 일어서라고 말했다. 나는 내 눈을 의심했다. 이 대회는 교계 지도자와 헌신자들을 위한 모임이었는데 자리에 앉아 있는 사람이 거의 없을 정도였다. 그들은 정직했다. 여러 사람이 앞으로 나와서 납세의 의무를 지키겠다고 주님께 약속했다. 그들은 주님 앞에서 애통하며 울었다. 우리는 바르게 행동할 믿음을 그들에게 주시길 하나님께 기도했다.

이 년 뒤 나는 아르헨티나에서 빈민 사역을 하는 사람을 만났다. 그가 말했다.

> 교인들이 세금을 내지 않는 것이 아르헨티나의 문제라고 하나님이 당신에게 말씀하셨다는 말을 들었을 때 나는 뺨을 맞는 기분이었습니다. 직원들에게 주는 월급을 신고하지 않았으니까요. 나는 그런 식으로 탈세를 했습니다.
> 그날 밤 우리에게 세금을 내라고 예언하셨을 때 나는 마음을 먹었습니다. 나는 집으로 돌아가 리더들을 모아 놓고 그날부터 세금을 내겠다고, 월급은 그대로 주겠다고 말했습니다. 나로서는 믿음이 없었으면 불가능한 결정이었습니다. 그러나 그날부터 하나님께서 채워주셨습니다.

그는 이어서 급료와 세금을 다 낼 뿐 아니라 하나님이 사역도 확장해 주셨다고 말했다.

다른 목사들도 교회로 돌아가 교인들에게 세금을 내자고 설교했다. 교회의 이러한 행동과 아르헨티나의 경제 회복이 상관이 있을까? 나는 교회가 공의를 실천했기 때문에 주님이 아르헨티나에 복을 주셨다고 굳게 믿는다. 사실 그 뒤에 하나님은 아르헨티나 경제가 기적같이 회복될 것이라는 예언을 주셨고 그 예언은 이루어졌다! 아르헨티나의 고위 경제학자 중에 그리스도인이 한 명 있다. 그의 말에 따르면 아르헨티나는 경제가 붕괴된 뒤에 극적으로 회복된 사례에서 볼 수 있는 경제 지표가 전혀 없었다. 그들이 계산하지 못한 '초자연적' 요인이 있다는 것이다!

정의로운 구석이 있는가?

세금을 내는 것과 나라가 변하는 것은 어떤 상관이 있는가? 우리가 성경에 순종할 때 우주의 정의로운 재판관이 우리를 위해 싸우신다. 이것이 성경적 정의이다. 아브라함이 소돔과 고모라를 위해 기도했을 때 하나님은 의로운 사람들이 있다면 두 도시를 멸망시키지 않겠다고 하셨다. 오늘날도 마찬가지다. 정의가 나라를 높이기 때문이다(잠 14:34). 정의는 나라의 개혁에 꼭 필요하다.

아프리카의 나이지리아에서 사역할 때 나는 그리스도인들이 그렇게 많은 나라가 정의롭지 못해서 당황했다. 나는 수백만 나이지리아 그리스도인들이 모이는 유명한 기도 모임에 관해 들었지만 나이지리아는 나아질 기미가 보이지 않았다. 결국 나는 유명한 기업인 몇 사람에게 물었다. "나이지리아에 그리스도인들이 이렇게 많은데도 지상에서 가장 부패한 국가라는 불명예를 씻지 못하는 이유가 무엇입니까?"

조직적 부패가 나라에 들끓었다(기업과 정부 사이에 뇌물과 족벌주의가 판을 친다). 그들은 모두 이 문제를 알고 있지만 워낙 크고 뒤얽힌 문제라서 아무도 해법을 몰랐다. 그래서 내가 제안했다. "교계 지도자들이 오늘부터 윤리서약서를 작성하는 게 어떻습니까? 실천해야 할 행동과 하지 말아야 할 행동을 목록에 기록하는 겁니다." 그들은 찬성했다. 결과는 시간이 말해 줄 것이다. 이 부패의 영을 부수려고 기도하고 일하는 나이지리아와 아프리카 여러 국가의 여러 그리스도인들로 인해 하나님께 감사한다.

부패가 있는 곳에서 참된 정의는 설 자리를 잃는다. 나는 사건을 맡은 변호사들이 담당 판사에게 제출하는 서류의 양에 따라 비용을 청구하고 담당 판사는 뇌물을 많이 주는 쪽에 유리하게 판결한다는 이야기를 많이 들었다. 어떻게 이런 일이 있을 수 있는가?

정의는 성경적 정의가 있는 곳에서만 실현된다. 절대적인 것과 윤리가 없는 곳에 올바른 판결은 없다. 판사를 '매수'하는 데 드는 돈과 사회적 정의, 바꾸어 말하면 현재 사회의 시류에 맞는 윤리가 모든 것을 결정할 것이다.

민족을 제자로 만들고 가르치려면 세상이 허용하는 것이나 각자

편한 대로가 아니라 참으로 올바른 것으로 윤리적 기준을 세워야 한다. 우리의 행동이 민족의 행동을 결정한다. 우리는 아무리 사소한 문제라도 남들보다 더 고귀한 기준을 지키지 않는 한 개혁자가 될 수 없다. 세계관은 행동에 나타난다. 우리가 성경적 세계관을 지키지 않으면 우리는 성경을 믿지 않는다는 뜻이다.

정의의 새 기준을 정하라

나는 나이지리아에서 강의를 할 때 사람들에게 법을 어긴 일을 모두 적게 했다. 인도에서 차를 몰거나, 뇌물을 주거나 받은 일 등이 있으면 적게 했다. 하나님은 강의 도중에 나를 질책하셨다! 성령님이 말씀하셨다. "신디, 다른 사람들에게 회개하라고 말하기 전에 네가 법을 어긴 것부터 회개해야 한다!"

솔직히 말하면 나는 당황했다. 나는 사람을 죽인 적도 없고 가게에 침입해 물건을 훔친 적도 없었다. 그러나 성령님은 나를 꾸짖으셨고 나는 내가 지은 죄로 두려웠다. "너는 과속을 하지 않았느냐?" (지금 이 글을 읽는 것을 후회하는 사람이 분명히 있을 것이다!).

"미국 교통부에서 도로에 붙인 숫자가 무엇이라고 생각하느냐?" 나는 가슴이 아팠다. 그 표지는 제안이 아니라 법이었고 누구나 지켜야 한다. 성령님이 말씀하셨다. "나는 네가 나이지리아의 모든 교회 앞에서 네가 죄인임을 말하고 회개하길 바란다!"

나는 "그러나 주님, 저만 그런 게 아닙니다! 미국에서 그 정도는 애교인 걸요!" 하고 변명했다. 나 자신도 내 변명이 구차하게 들렸다. 나는 하나님의 음성에 순종할 수밖에 없었다. 나는 공개적으로 회개했다.

나는 지금도 가끔씩 과속 때문에 고민한다. 나는 반항적인 내 발을 철저히 감시한다. 나는 못마땅한 듯이 말할 때가 있다. "늦었어요. 더 빨리 가야 해요. 내가 잘못해서 늦은 게 아니잖습니까?" 내 어머니는 내가 어릴 때 자주 말했다. "실수는 한 번으로 족하다"(당신도 죄책감을 느낀다면 회개하라. 책을 덮지는 말라! 정의롭게 행동하지 못하면 세상을 바꾸는 개혁자가 될 수 없다. 아울러 왜 나만 거북이 주행을 해야 하는가? 내 남편은 항상 과속하고 나는 언제나 안절부절 못한다—나는 이것마저도 회개해야 한다!).

공평이 없으면 정의도 없다

우리는 대부분 법을 쉽게 어기지만 잘못된 것은 고치려고 한다. 민족을 제자로 삼고 가르치려면 남들보다 윤리 기준이 높아야 한다. 우주를 심판하고 법을 주시는 하나님을 우리가 모시기 때문이다. 하나님의 법은 절대적이다. 무엇이든 선하거나 악하거나 둘 중 하나이다.

성경은 이 문제에 대해 명확하다. 이사야 33장 22절은 하나님이 누구인지 말한다.

주님께서는 우리의 재판관이시며,

주님께서는 우리에게 법을 세워 주시는 분이시며,

주님께서는 우리의 왕이시니,

우리를 구원하실 분이시다.

이 구절을 정확하게 이해하려면 정의에 대한 오늘날 개념과 성경의 개념을 비교해야 한다. 우리가 정확하게 이해하려면 성경에 나타난 하나님의 공평과 정의의 개념을 결합해야 한다.

《넬슨 성경사전》에 의하면 우리는 "정의를 찾는다"라고 말하지만 성경은 "공의를 베푼다"라고 말한다. 정의를 베푼다라는 것은 "올바른 것을 지속한다" 또는 "무언가를 바로잡는다"는 말이다. 하나님과 인류, 정부와 국민, 사장과 직원, 부모와 자녀, 남편과 아내의 관계가 올바를 때 정의가 실현된다. 《엉거 새성경사전》은 "사람은 타인과의 관계에 하나님의 정의나 공평을 나타내야 한다"라고 확대해서 풀이한다. 정의는 생명, 재산, 명예에 대한 타인의 권리를 존중하는 것뿐 아니라 넓게는 하나님께 대한 각 사람의 책임을 인정하는 것이다.

법과 상황주의는 정반대 개념이다. 상황윤리에 근거한 법은 존재하지 않는다. 재판관과 입법관이 없는 법은 무정부 상태나 학정으로 추락한다. 주님을 두려워함이 없는 법은 도시를 경찰국가로 둔갑시킨다.

유럽 국가들은 왕들이 제멋대로 정한 법의 지배를 받은 적이 있다. 왕이 곧 법이었다. 1644년 스코틀랜드의 종교개혁자 사무엘 러더퍼드(Samuel Rutherford)는 《법과 군주》(Lex, Rex, or The Law and the Prince)

를 지었다. 이 책의 주제는 매우 간단하다. 법이 왕이라는 것이다. 러더퍼드는 왕과 정부의 토대는 하나님의 법 곧 성경이 되어야 하며 모든 권력은 하나님이 주신다고 주장했다. 왕과 정부가 법을 어기면 그들에게 복종하지 않아도 된다.[1] 독재 정권은 러더퍼드의 말에 귀를 기울여야 한다. "윤리적이든 정치적이든 도덕적이든 억압하는 권력은 하나님에게서 나지 않았고 이러한 권력은 권력이 아니며 부도덕하게 일탈한 권력의 변이다. 이 권력은 하나님에게서 나지 않았고 악한 본성과 오랜 뱀에게서 났으며 악행의 면허증이다."[2] 바꾸어 말하면 하나님에게서 나지 않은 정부는 모두 인간의 악한 본성에 희생된다. 때때로 독재자는 이상한 법을 만든다. 이라크의 어느 목사는 나에게 사담 후세인이 자기 외에 다른 사람은 바나나를 못 먹게 하는 법을 만들었다고 말했다.

궁극적으로 하나님만이 법을 세우시고, 왕이시며, 재판관이시다. 무엇보다 인본주의의 영향으로 가장 크게 바뀐 것은 하나님의 법이 더 이상 최고가 아니라는 것이다. 인본주의자들은 생각과 욕망이 저열한, 인간이 우주의 왕이라고 말한다. 따라서 육체의 욕망과 결점의 합리화에 따라 옳고 그름이 결정된다. 자유는 더 이상 선을 행할 자유가 아니라 무엇이나 제 마음대로 행할 자유를 의미한다.

---

1. Francis A. Schaeffer, *A Christian Manifesto* (Wheaton, IL: Crossway Books, 1981), 99. 《기독교 선언》(생명의말씀사 펴냄).

2. 같은 책, 100.

사무엘 러더퍼드의 《법과 군주》는 영국과 스코틀랜드에서 금서가 되었다. 사실 러더퍼드가 사망할 당시 스코틀랜드 의회는 그에게 사형을 선고했다. 그러나 그는 법이 집행되기 전에 죽었다.

정의로운 사회의 유일한 토대

하나님의 절대적인 법을 중심에 두지 않는 사회는 정의로운 사회가 아니다. 오늘날 그리스도인은 이 점을 반드시 알아야 한다. 사회는 합법이라 말하지만 천국에서는 불법인 것들이 있다. 민족의 법에 의하면 '합법'이지만 우주의 위대한 재판관 하나님은 그것을 불법이라고 말씀하신다. 정의롭지 못하면 올바른 법이 아니다. 성경적이지 않은 법은 폐지되어야 한다. 그렇지 않으면 사회는 스스로 허용한 죄로 고통을 받을 것이다.

정의와 공평이 결합하지 않으면 인간은 임의로 법을 만들게 된다. 하나님 나라를 이 땅에 실현할 법의 토대가 무너진다. 시편 89편 14절과 97편 2절은 정의와 공평이 주님의 보좌의 토대라고 말한다. 하나님은 자신의 권위를 정의와 공평에 두셨고 하나님은 정의와 공평으로 통치하신다. 하나님의 관점을 이해하지 못하면 우리는 정의가 무엇인지 모를 것이다.

하나님은 소돔과 고모라를 파괴하실 것을 알리실 정도로 아브라함을 믿으셨다. 아브라함은 정의와 공평의 원칙을 이해했기 때문이다.

> 내가 아브라함을 선택한 것은, 그가 자식들과 자손을 잘 가르쳐서, 나에게 순종하게 하고, 옳고 바른 일을 하도록 가르치라는 뜻에서 한 것이다.
>
> 창세기 18장 19절

성경에 의하면 다윗은 백성을 공평하고(mishpat) 의로운(tsadaqah) 법으로 다스렸기 때문에 훌륭한 왕이었다(삼하 8:15). 흠정역은 이 두 단어를 판단과 정의로 번역한다. 《스트롱 사전》은 공평(mishpat)을 "(판단의) 선고, 결정", "(하나님이나 사람의 속성으로) 정의, 옳음, 공정", "마땅히 해야 할(적법한)" 것을 행하는 사람으로 풀이한다.[3] 정의(tsadaqah)는 "하나님의 속성과 정부와 재판이나 명분의 올바름, 도덕적으로 정당함"을 의미하고 은유로 "(사람의) 번영"을 뜻한다.[4]

이사야 9장 7절도 제자를 만들고 가르치는 것과 개혁에 관해 우리에게 강하게 말씀하는 본문이다.

> 그의 왕권은 점점 더 커지고
> 나라의 평화도 끝없이 이어질 것이다.
> 그가 다윗의 보좌와 왕국 위에 앉아서,

---

3. James Strong, *Enhanced Strong's Lexicon* (Ontario: Woodside Bible Fellowship, 1996), #4941, *mishpat*.
4. 같은 책, #6666, *tsadaqah*.

이제부터 영원히, 공평[mishpat]과 정의[tsadaqah]로
그 나라를 굳게 세울 것이다.

흥미로운 물음이 있다. 그의 왕권이 점점 더 커지고 나라의 평화도 끝없이 이어진다면 지상에서 누가 이 일을 하는가? 마태복음 6장 10절에 비추어 생각해 본다. 지상에서 공평과 정의를 책임지고 있는 사람은 이 세계를 돌보는 청지기, 모든 민족을 제자로 삼아 주님이 가르치신 모든 것을 가르쳐 지키게 할 소명이 있는 우리다. 이 일은 우리 손에 달려 있다.

모두를 위한 정의

성경에는 공평과 정의를 말하는 구절이 적어도 64개가 있다. 여러 구절은 가난하고 억압받는 자에 대한 정의를 말한다. 우리는 성경적 경제를 다루는 장에서 몇 구절을 살필 것이다.

경건한 법은 정의를 베푼다. 성경의 법에 기초한 정부는 복되고 번영한다. 사실 우리가 보았듯이 정의는 "(사람의) 번영"이다. 정의로운 사회는 번영한다.

하나님의 법이 실현될 때 정의는 인종을 차별하지 않는다. 다원주의가 주장하듯이 "유리한 인종의 생존"은 정의가 아니다. 하나님 나라에 인종차별은 설 자리가 없다. 하나님의 눈에 모든 사람은 동등하게 창조되었고 최고의 피조물이다. 그러므로 경제적 지위나 피부

색에 상관없이 오직 옳다는 이유만으로 모든 사람은 정의를 누려야 한다.

사실 하나님의 정의는 법원의 판결보다 높다. 여기에는 피해자 보상도 포함된다. 삭개오는 이 점을 알았고 예수님을 만난 뒤에 "주님, 보십시오. 내 소유의 절반을 가난한 사람들에게 주겠습니다. 또 내가 누구에게서 강제로 빼앗은 것이 있으면, 네 배로 하여 갚아 주겠습니다"라고 말했다(눅 19:8). 성경이 정한 보상은 원래 값에 20%만 더하면 된다(레 5:16, 민 5:7). 그러나 삭개오는 살아 계신 하나님을 만났기 때문에 정의가 요구하는 것 이상을 올바르게 실천했다.

정의에 관한 국가의 세계관은 경제에 지극히 중요하다. 나는 정부와 법률을 주제로 공부하면서 미국과 영국의 번영과 윌리엄 블랙스톤(William Blackstone)이 작성한 영국 관습법의 근본 원리 사이에서 공통점을 발견했다. 나는 블랙스톤의 이야기를 무척 좋아한다. 이 이야기는 자신은 나라를 바꿀 힘이 없다고 말하는 사람들에게 커다란 소망과 믿음을 준다.

블랙스톤은 서른다섯이 되었을 때 인생에서 낙오한 것처럼 보였다. 몸은 비만이고 만성 질병에 시달렸다. 1758년 10월 25일 자신감을 잃어버린 그는 옥스퍼드 대학교 강의실에 서서 학생들에게 말했다. 그는 자신의 강의가 "미숙하고 분별력이 부족하다"며 학생들에게 사과했다. 그러나 그날 블랙스톤이 시작한 강의는 후일에 《영국법 주석》(Commentaries of the Laws of England)이라는 책으로 간행되었고 영국을 비롯해 여러 나라에서 백 년이 넘게 법적 담론을 지배했다.

이 주석은 네 권으로 출간되었다. 4권은 "공공 범죄"를 다루었다. 이 책은 하나님과 종교에 대한 범죄를 포함해 범죄와 처벌을 논했다. 블랙스톤은 사람이 만든 법은 과학법칙과 같다고 믿었다. 발견해야 한다는 것이다. 하나님은 이 두 가지 법을 창조세계에 두셨다. 자연의 법칙을 발견하는 것이 아이작 뉴턴과 같은 과학자들의 역할이듯이 법을 판단하는 것은 정부의 역할이었다.[5]

1941년 다니엘 부어스틴(Daniel Boorstin)은 저서 《신비로운 법학》(The Mysterious Science of the Law)에서 미국의 법률 체계를 세우는 데 성경을 제외하고 블랙스톤의 주석서만큼 커다란 역할을 한 책이 없다고 말했다. 미국 법률제도의 청사진은 블랙스톤이 마련했고 블랙스톤의 청사진은 성경이었다.

에이브러햄 링컨은 변호사가 되는 과정에서 블랙스톤의 《영국법 주석》에 지대한 영향을 받았다. 정규 교육을 받지 못한 링컨은 처음에 제철공이 되려고 했다. 그는 변호사가 될 자신이 없었고 성공할 가능성이 거의 없다고 생각했다. 그런 그의 삶에 가장 크게 영향을 준 책 두 권이 바로 성경과 블랙스톤의 주석서이다. 그는 블랙스톤의 책을 읽으면서 모든 정의로운 법은 반드시 성경의 가르침에서 나오는 것이라고 마음에 새겼다.

"자명하다", "하나님과 자연의 법"이 부여한 "양도할 수 없는 국민의 권리" 등과 같은 미국 독립선언문의 구절은 거의 모두 블랙스톤의 글에서 따왔다. 이른바 '미국 교육의 아버지' 존 듀이가 작성한 "인본주의자 선언"의 1항과 비교해 본다. "종교적 인본주의자는 우주가 창조되지 않았고 자존한다고 생각한다."

나는 미국인으로서 하나님 앞에서 크게 당혹하며 기도할 수밖에 없다. "오, 하나님, 우리가 우리의 토대가 되었던 하나님의 법과 훈계에서 얼마나 멀리 떨어졌는지요." 나는 "우리의 토대가 되었던"이라는 말을 가볍게 여기지 않는다. 이 말은 중요하다. 미국의 번영은 우리가 성경의 법과 훈계를 정부와 사회, 유아교육의 토대로 삼았다는 사실에 달렸다.

우리가 우리 사회의 기독교 뿌리를 얼마나 손상했는지 알려면 역사적 선례를 살피면 된다. 예를 들면 1824년 펜실베이니아 대법원은 미 연방 대(對) 업디그래프 판결에서 블랙스톤의 법률 조문을 근거로 하나님을 모독한 죄로 업디그래프를 기소했다.

> 하나님의 존재 또는 섭리를 부정하거나 교만하게 구세주 그리스도를 모욕하거나 비난하는 것은 전능하신 하나님을 모독하는 것이다. 기독교는 법률의 일부이기 때문에 하나님을 모독하는 죄는 보통법으로 벌금이나 금고로 처벌한다.[6]

이 판결과 최근 판결을 비교해 본다(1980년 스톤 대 그레이엄, 1980년 링

---

5. "William Blackstone," *From Revolution to Reconstruction*, updated May 5, 2003, www.let.rug.nl/usa/B/blackstone/blackstone.htm (accessed August 28, 2007).
6. David Barton, *Original Intent* (Aledo, TX: Wallbuilders Publishing, 1996, 2000), 53.

대 그랜드 폭스, 공립학교 지구, 1981년 래너 대 윔머). "읽고, 묵상하고, 존중하고, 따를 수 있으므로 학생들이 십계명을 보는 것은 헌법에 위배된다."[7]

최초의 원칙으로 돌아가라

미국은 국가적 부흥뿐 아니라 나라의 개혁이 필요하다. 우리는 영국법의 기반과 선조들의 건국 이념으로 돌아가야 한다. 과거에는 그리스도인 판사가 법정에서 피고에게 복음을 전하는 일이 흔했다!

토마스 제퍼슨 대통령뿐 아니라 존 퀸시 애덤스가 국회의사당에 있을 때 예배 모임에 참석했다는 이야기를 읽어본 적이 있을 것이다. 애덤스는 일기에 이렇게 썼다. "보통 일요일에는 국회의사당과 재무부 사무실에서 예배 모임이 열린다. 나는 오전과 오후 모두 재무부 사무실에서 열리는 예배에 참석했다."[8] 날짜는 1803년 10월 23일이었다.

미국은 어떻게 건국 이념에서 이토록 멀리 떨어졌는가? 그리스도인 변호사와 판사들은 대개 성경이 말하는 정의를 연구하지 않았으며 따라서 그들의 생각의 바탕에 이러한 패러다임이 자리하지 못했다. 그 대신에 그들은 헌법과 판례를 공부했다. 변호사 자격시험에 통과하려면 헌법과 판례를 공부해야 하지만 지상의 법정보다 훨씬 더 높은 법정이 천국에 있다.

성경은 왕들이 지켜야 할 법에 관해 말한다. 성경이 왕에게 요구하는 바는 아래와 같다.

> 왕위에 오른 사람은 레위 사람 제사장 앞에 보관되어 있는 이 율법책을 두루마리에 옮겨 적어, 평생 자기 옆에 두고 읽으면서, 자기를 택하신 주 하나님 경외하기를 배우며, 이 율법의 모든 말씀과 규례를 성심껏 어김없이 지켜야 합니다. 마음이 교만해져서 자기 겨레를 업신여기는 일도 없고, 그 계명을 떠나서 좌로나 우로나 치우치지도 않으면, 그와 그의 자손이 오래도록 이스라엘의 왕위에 앉게 될 것입니다.
>
> 신명기 17장 18-20절

판사나 변호사가 하나님의 법을 말하지 않고도 자기 직분을 감당할 수 있을까? 하나님은 궁극의 법을 세우시는 분이다. 왕국의 법은 왕이 정하고, 민주주의 국가의 법은 국회가 정하지만 우주의 법을 정하시는 분은 하나님이다.[9]

---

7. 같은 책, 14.
8. 같은 책, 119.
9. 성경의 율법을 연구한 훌륭한 책들은 많다. 논란이 되는 책도 있지만 특히 법조계에 있는 사람들은 이런 책들을 깊이 탐독할 필요가 있다. 예를 들면 Rousas John Rushdoony의 《The Institutes of Biblical Law》 등이 있다.

모든 시작은 마음에서

몇 년 전 우간다에서 강의를 할 때 하나님은 나에게 우간다를 개혁할 열쇠가 무엇인지 알려주셨다. 거의 만 명이 넘는 목사들 앞에서 나는 하나님의 말씀을 대언했다.

"여러분 중에 고아를 돕거나 다른 일에 유익하게 써야 할 헌금을 착복하는 사람들이 있습니다. 그 헌금을 자기가 말한 대로 쓰지 않고 자신의 집을 짓거나 자녀들의 사립학교 학비로 쓰는 사람들이 있습니다. 교회 공금을 유용하는 사람들도 있습니다."

그러나 내가 더 말하기 전에 통역을 하던 사람이 말을 멈추었다. 그는 눈물을 쏟으며 말을 하지 못했다. 나는 조용히 말했다. "괜찮습니까?" 그는 경건한 하나님의 사람이었다. 나는 그가 우는 까닭을 몰랐다.

그가 깨진 마음으로 울면서 대답했다. "신디, 정말로 죄송해요. 전부는 아니더라도 헌금을 유용하는 목사가 많아요! 믿음의 선배들이 그렇게 했고 우리도 그것이 잘못인지 모르고 그대로 따라 했어요!"

나는 놀라고 마음이 아팠다. 나는 청중에게 말했다. "분명히 아셔야 합니다. 이것은 위선이고 절도입니다. 그리고 십계명의 두 가지를 어기는 겁니다." 강연 끝에 회개의 물결이 높게 일었고 우리는 함께 울었다. 그들은 우간다에서 부패를 모르는 새로운 세대의 리더들이 일어날 것이라고 선포했다. 오늘날 우간다에는 이 회개의 결실이 열리고 있다. 현재 우간다 곳곳에서 훌륭한 리더들이 일어나 정의를 베풀고 있다.

　나는 하나님이 세계 곳곳에서 나라를 개혁하고 하나님의 법을 어기는 법에 저항하는 새로운 리더들을 세우고 계신다고 진심으로 믿는다. 낙태는 반드시 다루어야 할 가장 큰 문제이다. 1973년 미국 대법원은 5대 4로 낙태 합법 결정을 내렸다. 그때부터 미국에서 낙태된 아기만 사천만 명이 넘는다. 이 숫자는 내가 사는 댈러스 포트워스 인구의 약 여덟 배이다. 불편하다는 이유로 살해된 죄 없는 수많은 아이들의 수는 이 조용한 학살의 규모가 얼마나 큰지 보여준다. 우리는 천국에서 우리가 흘린 피에 책임을 져야 할 것이다. 자유주의자와 여권운동가들은 여자는 자기 몸을 마음대로 다룰 권리가 있다고 말한다. 정말로 그렇다면 우리는 왜 자살하려는 여자를 내버려 두지 않는가?

　이 때문에 정의와 공평의 결합을 이해하는 것이 중요하다. 어떤 여자는 "나는 계획하지 않은 태아는 돌보지 않아도 된다. 임신 때문에 골머리를 썩느니 낙태하는 게 낫다"라고 말할지 모른다. 그들은 자신의 행동이 옳다고 생각한다. 그들의 상황에서 그들의 행동은 정당한 것처럼 보인다. 그러나 무죄한 아이를 살해하는 것이 정당한가?

　상황윤리는 정의를 실현할 수 없다. 우리는 정의롭게 행동해야 한다.

　낙태가 정당하다고 말하려면, 하나님이 생명의 주인이고 생명은 수정 단계에서부터 시작된다는 것을 부정해야만 한다. 낙태하는 사람은 자신이 세포 조직을 버린다고 생각하지만 우리는 그것이 아니라는 것을 잘 안다.

우리가 낙태 문제를 다루는 주요 이유는 정의를 신적이 아니라 사회적으로 생각하는 판사들이 있기 때문이다. 그들은 정의의 기반이 하나님의 법이 아니라 사람들의 뜻과 사회가 허용하는 윤리라고 믿는다. 사실 판사가 중립을 지킨다는 것은 순진한 생각이다. 그들은 모두 어느 정도 자신의 신념 체계에 따라 판단한다. 그들은 아니라고 말할 것이다. 경건한 판사만이 자신의 이기적 관점을 버리고 매 순간 공정하게 재판할 것이다.

2004년 미국 대통령 선거가 있기 전에 낙태라는 악에 맞서는 급진적 청년 운동이 일어났다. 한 청년이 친구들과 함께 "생명"이라고 적힌 크고 붉은 테이프를 입에 붙이고 로우 대(對) 웨이드 판결(Roe v. Wade, 낙태 합법)이 뒤집힐 때까지 대법원 건물 앞에서 24시간 조용히 서 있는 꿈을 꾸었다. 그 결과로 탄생한 단체가 '하나님의 정의를 실현하는 기도의 집'(JHOP)이다. 이 24/7 청년 기도운동은 대법원 모퉁이에 기도처소를 마련했다. 그들은 미국에서 낙태가 불법이 될 때까지 날마다 쉬지 않고 기도할 것이다. 그들은 기도실에서만 기도하는 것이 아니라 매일 대법원 건물 앞에서 시위하면서 기도한다. 그들은 비가 오나 눈이 오나 여름과 겨울을 가리지 않고 그 자리에 서 있다. 그들에게는 소명과 명분이 있다. 미국에서 낙태가 불법이 되는 날을 보는 것이다. 그들은 기도하면서 우주의 대법원에 탄원한다. 그들의 기도는 헛되지 않을 것이다.

나는 이 책을 읽는 당신이 살아 있는 동안 낙태가 불법이 되는 것이 내 꿈이다. JHOP를 거룩한 본보기로 삼으면 우리는 싸울 명분을 하나 더 얻는 셈이다.

부르심에 응답하라

나는 여러 나라를 다니면서 변호사에 관한 농담을 많이 들었다. 대부분 변호사의 부패와 탐욕을 놀리는 농담이다. 법과 정의의 회복을 위해 법률개혁자를 부르시는 하나님의 부름에 응답할 경건한 젊은 남녀들이 꼭 필요하다. 감사하게도 세계 곳곳에서 법률 제도가 회복되고 부패가 사라지고 있다. 그들은 공평과 정의가 결합해야 함을 이해한다.

하나님은 우리가 모두 가난한 자, 궁핍한 자, 과부, 고아, 태아를 위해 정의를 베풀기를 바라신다. 훗날 우리는 후손들의 얼굴을 마주하고 우리가 법과 정의를 위해 싸웠다고 이야기할 것이다. 후세들은 달콤한 목소리로 믿을 수 없다는 듯이 물을 것이다. "할아버지, 할아버지가 어렸을 때 부모들이 정말로 죄 없는 아기들을 죽였어요?"

2005년 1월 17일 십대 학생들과 함께 링컨 기념관 계단에 서 있던 나는 미국을 개혁하라는 부르심을 들었다. 그 날은 마틴 루터 킹 기념일이었다. 나는 바로 그 장소에서 킹 목사가 수십만 청중에게 외쳤던 유명한 연설이 떠올랐다. "나는 꿈이 있습니다." 그의 목소리가 울려 퍼지는 듯했다.

나는 눈을 들어 국회의사당 건물을 향해 선포했다.

미국의 모든 어린이들이 한 푼 두 푼 성금을 모아 태어나지 못한 아기를 위한 기념관을 바로 이곳에 지을 날이 올 것입니다. 낙태 때문에 학살된 어린이들로 애통하는 정의로운 나라가 이 기념관을 세울 것입니다. 우리는 선언합니다. "이 나라에서 태아를 죽이는 일은 두 번 다시 없을 것이다."

제 7 장

주님의 어깨 위에 세운 정부

하나님에게는 각 사람을 위한 계획이 있다. 남녀노소 모두 태어난 목적과 이유가 있다. 그러나 자신이 존재하는 '이유'를 모르고 살다가 죽는 사람이 많다.

나는 당신이 이 책을 읽으면서 이 세대를 위한 개혁자로 당신을 부르시는 하나님의 음성을 듣기를 기도한다. 하나님은 민족을 제자로 만드는 일에 나설 사람을 찾고 계신다. 우리는 하나님을 위해 영향력을 발휘할 열정이 넘치는 리더가 필요하다. 참된 자유와 발전은 시민의 자리에서뿐 아니라 위정자의 자리에서 개혁자로서 일하는 그리스도인들의 손에 달렸다.

그리스도인들이 한 나라의 정부에서 힘을 발휘하지 않으면 그 민족은 바뀌지 않는다. 하나님의 백성이 하나님의 정의로 법을 세우려고 의로운 목소리를 내지 않으면 하늘에서 이루어진 하나님의 뜻은 땅에서 이루어지지 않는다. 역사를 돌아보면 인간이 에덴동산에서 타락한 뒤로 열방의 통치권을 쟁탈하려는 싸움이 벌어지고 있음을 쉽게 알 수 있다. 창조주 하나님은 법을 세우셨고 창조세계를 하나님의 공의로 다스릴 책임을 우리에게 주셨다. 우리가 이 책임을 다하지 못하고 교회가 사회와 단절된다면 누구도 공적 자리에서 하나님의 의를 선포하지 못할 것이다.

죄는 부패와 차별, 불의를 가져왔다. 그러나 하나님의 대사들은 정의와 공평을 베푼다. 정부에 하나님의 선하심을 법에 반영할 사람이 없으면 정부는 무너진다. 각 세대마다 하나님이 기름 부으신 리더들이 있다. 그들은 정의를 외치면서 차별, 가난, 부패, 낙태 등 사회악에 맞서 용감하게 싸운다. 청년 윌리엄 윌버포스(William Wilberforce)는 이러한 의로운 전사들 가운데 하나이다. 하나님은 각 세대에서 하나님을 대변할 윌버포스와 같은 사람을 찾으신다.

윌리엄 윌버포스와 친구들

어린 윌리엄 윌버포스의 모습에서 정부를 개혁할 용맹스러움을 발견한 사람은 거의 없었을 것이다. 그는 아홉 살 때 아버지를 여의었다. 몸이 허약했고 평생 시력이 나빴다. 아주 어릴 적부터 허리가 좋지 않아 철로 만든 기구를 착용했다. 사람들은 그가 국회의원이 되기는커녕 평생 집에서 병간호를 받을 것이라고 생각했을 것이다.

그러나 하나님은 겉모습으로 사람을 판단하지 않으신다.

월버포스는 고난을 겪으며 인내를 배웠다. 인내는 개혁자의 특징이다. 때때로 우리는 개혁자가 되려면 믿음이 아주 커야 한다고 생각한다. 그러나 믿음은 성실한 자의 것이다. 루터가 시작한 개혁의 초석은 "의인은 믿음으로 살 것이다"지만 나에게 이 말씀은 "의인은 성실로 살 것이다"로 다가온다. 매일 아침 잠자리에서 일어나 몸의 상태나 감정의 갈등, 사람들의 비방과 상관없이 하나님께 순종하는 행동이 위대한 믿음이다. 월버포스와 같이 위대한 개혁자들은 포기하고 싶은 마음이 굴뚝같을 때에도 포기하지 않았다. 월버포스는 목소리가 좋았고 학력이 뛰어났다. 달변가였으며 카리스마가 있었다.

국회의원이 되어 국회의사당에 입성하는 스물한 살 청년을 상상해 보라. 그가 월버포스였다. 그는 영국 역사상 나이가 가장 어린 국회의원이었다. 월버포스는 할아버지와 삼촌에게 유산을 많이 물려받았다. 하나님이 재산 분배에 간섭하신 덕분에 청년 월버포스는 그 돈으로 유세에 나설 수 있었다.

그는 케임브리지 대학에서 공부할 당시 윌리엄 피트(William Pitt)와 친구가 되었다. 피트는 겨우 스물넷의 나이로 영국 수상이 된 인물이다. 두 사람은 때때로 다른 의견으로 맞섰지만 하나님은 이 두 친구의 우정으로 영국의 노예 매매를 철폐하셨다. 그들은 다윗과 요나단과 같은 친구였다.

월버포스는 철저히 회심한 뒤에 기독교만이 문명사회의 토대라고 믿었다. 피트는 수상이 된 뒤에 월버포스를 만나서 노예제 폐지를 위해 의회에서 함께 싸우자고 제안했다. 피트의 홀우드 집 고목 아래에서 그들이 나눈 대화는 유명하다. 윌버포스는 피트의 말대로 노예 매매에 관한 글을 읽고 나서 노예 매매의 잔혹함에 가슴이 미어졌다. 그 당시 윌버포스는 스물여덟 살이었다. 그는 노예제 폐지 법안을 즉시 내기로 했으나 병이 드는 바람에 일 년을 기다려야 했다. 그러나 피트와 나눈 대화로 윌버포스는 완전히 변했다. 그는 하나님이 자신에게 두 가지 소명을 주셨다고 확신했다. 노예 해방과 관습 개혁이다.

소명을 확인하는 과정에 스승과 친구들의 힘을 결코 과소평가해서는 안 된다. 나는 피터 와그너를 통해 여러 차례 내 소명을 확인했다. 친구와 이야기를 나눈 끝에 포기할 뻔한 계획을 성사시킨 일도 있다.

하나님은 우리에게 언제 끝날지 모르거나 어떤 대가를 치러야 할지 모르는 막중한 일을 맡기실 때가 있다. 나라의 운명이 걸린 일이라면 우리의 생각보다 훨씬 더 오래 걸릴 것이다. 윌버포스는 노예 해방을 위해 좌절과 실패를 참으며 40년이 넘게 싸웠다. 1789년 그는 의회에서 감동적인 연설로 노예제 폐지 운동의 선봉에 섰지만 정작 표결에 들어가자 절반이 넘는 의원들이 불참하는 바람에 법안을 통과시키지 못했다. 윌리엄은 자주 포기하고 싶었지만 그때마다 하나님은 그에게 정의로운 대의를 붙들라고 격려하셨다.

사실 1791년 존 웨슬리는 윌버포스에게 보낸 마지막 편지에서 노예제 반대 운동을 지지했다. 이 유명한 부흥사가 윌버포스에게 보낸 편지의 일부를 인용한다.

> 하나님이 당신을 이 자리에 세워주지 않으셨다면 마귀와 사람들이 반대할 때 당신은 쓰러졌을 것입니다. 그러나 하나님이 당신과 함께 하시면 누가 당신에게 맞서겠습니까? 어느 누가 하나님보다 강하겠습니까? 오, 힘을 내십시오. 해 아래 가장 비열하다는 미국의 노예제마저 폐지될 때까지 하나님의 이름과 능력으로 정진하십시오. 어릴 때부터 당신을 인도하신 하나님께서 이 일과 모든 일에 당신에게 힘을 주시길 기도합니다.
>
> 당신을 친애하는 종
> 존 웨슬리(1791년 2월 24일)[2]

이 편지는 불의와 싸우는 모든 개혁자들에게 소망과 힘이 된다.

선교를 위해 힘을 모으다

윌버포스에게는 노예제 폐지를 위해 함께 싸우는 협력자들이 있었다. 이 싸움에 동참한 리더들이 런던 클래펌에 공동체를 세웠다.

---

1. 전문을 볼 수 있는 곳. www.brycchancarey.com/abolition/wilberforce2.html (accessed September 5, 2007).
2. Clifford Hill, *The Wilberforce Connection* (Oxford, UK: Manarch Books, 2004), 53. 저자가 강조.

바로 클래펌 공동체다. 이 운동에 관계한 모든 사람이 국회의원이거나 그 공동체에서 살지는 않았지만 존 벤(John Venn) 목사가 목회하는 교회에 나가며 가까이에 사는 핵심 인사들이다. 이 교구는 영국에서 영향력이 가장 큰 교구로 성장한다. 클리포드 힐(Clifford Hill)은 저서 《윌버포스 커넥션》(The Wilberforce Connection)에서 마이클 헤넨(Michael Hennen)의 말을 인용한다.

> 한 교회의 교인들이 세계 역사에서 이렇게 크게 영향력을 발휘한 예는 없었다. 그들의 기도와 행동은 영국의 종교와 사회를 심대하게 바꾸었을 뿐 아니라 아프리카, 서인도 제도, 인도, 오스트랄라시아까지 영향을 끼쳤다.[3]

존 벤 목사는 혁명적 목회자였다. 그는 빈민을 위해 학교를 세웠으며 교구민 전체에게 천연두 접종을 하라고 강조했다. 그는 어릴 때 수줍음이 많은 아이였다(사회는 수줍음이나 질병을 지닌 어린이를 한계가 있다고 판단하지만 하나님은 건강이나 약점으로 어린이를 판단하지 않으시고 위대한 개혁자가 될 재목으로 보신다!).

클래펌 공동체의 다양한 구성원들은 믿음과 행동에서 세계를 바꿀 개혁자로 손색이 없었다. 그들은 나라를 바꾸려고 서로 가까이 살면서 함께 일하고 함께 기도했다. 그 결과 1807년 영국 제국에서 노예 매매가 폐지되고 영국의 모든 노예들이 해방되었다(1833년 윌버포스가 숨을 거두기 사흘 전 일이다). 그들은 공동체의 기쁨을 참으로 누렸다! 클래펌은 사명의 공동체일 뿐 아니라 서로 돌보고 섬기는 사랑의 공동체였다.

우리는 너츠포드 부인(Lady Knutsford)의 《재커리 맥컬레이의 삶과 서신》(Life and Letters of Zachary Macaulay)에서 클래펌 공동체의 삶을 엿볼 수 있다.

> 그들은 모두 대가족처럼 지냈고 자신의 가족을 돌볼 뿐 아니라 다른 사람의 가족도 자기 가족처럼 섬겼다. 휴일이면 런던에 머물며 아침이나 저녁에 함께 모여 음식을 먹으면서 여러 가지 문제를 의논했다. 즐겁게 이야기를 나누면서 힘겨운 일의 부담을 덜고 힘을 얻었다.[4]

이 글을 쓰고 있자니 절친한 친구들이 생각난다. 우리는 가게에서 구두를 신어 보면서 신나게 웃다가도 민족의 개혁을 위한 기도 모임을 계획했다. 얼마나 흥겨웠는지 모른다! 이러한 생각을 하면 나는 웨스트민스터 소요리문답(1648)의 첫 질문이 떠오른다.

---

3. Michael Hennell, *John Venn and the Clapham Sect* (London: Lutterworth Press, 1958), 169, quoted in Hill, *The Wilberforce Connection*, 47.

4. Quoted in Hennell, *John Venn*, 179 quoted in Hill, *The Wilberforce Connection*, 51. 나는 이 주제를 연구할 때 Clifford Hill의 훌륭한 저서 *The Wilberforce Connection*의 귀중한 자료의 도움을 많이 받았다. 내 친구 Lady Susie Sainsbury 집을 찾았을 때였다. 내가 개혁에 관한 책을 쓸 계획이라는 말을 듣자 내 친구는 이 책을 나에게 주었다. 클리포드와 수지에게 감사한다!

사람의 제일 되는 목적이 무엇인가?

답은 다음과 같다.

사람의 제일 되는 목적은 하나님을 영화롭게 하는 것과 영원토록 그를 즐거워하는 것이다(시 86, 16:5-11, 73:25-28).

나는 젊은 리더들을 가르칠 때 내 삶의 좌우명을 말해준다. "열심히 일하라! 열심히 놀라!"(일과 놀이는 적절히 섞여야 한다). 우리는 하나님과 다른 사람들과 함께 즐겁게 일하고 즐겁게 놀아야 한다!

클래펌 공동체에는 국회의원 112명이 있었다. 물론 그들이 모두 공동체에서 함께 지낸 것은 아니다. '클래펌의 성자들'이라고 부르는 약 30명의 핵심 구성원이 따로 있었다. 그들은 당의 원칙보다 성경의 원칙을 앞세웠다. 이 성자들은 존 손턴(John Thornton)의 집에 모여 예배하고 기도하면서 하나님의 인도를 구했다.

게다가 클래펌 공동체에는 정치인뿐 아니라 은행가, 법률가, 연구자, 목회자도 있었다. 그들은 나라의 개혁에 힘을 모았다. 여러 목사가 교회와 시장에서 일했다! 변화는 협력에서 나온다!

성공회 목사 존 뉴턴(John Newton)은 클래펌 공동체에 영향을 준 주요 인물이었다. 뉴턴은 노예선의 선장이었다. 뉴턴은 영국으로 돌아온 뒤 그리스도를 만났고 추밀원에서 노예제 반대 증언을 하면서까지 노예제 폐지 운동에 참여했다. 존 뉴턴은 윌버포스의 정치 초년기에 노예제 폐지 운동을 계속하라고 격려했다. 뉴턴은 유명한 찬송가도 많이 지었다. 가장 유명한 노래는 널리 사랑받는 "나 같은 죄인 살리신"(Amazing Grace)이다. 우리는 모두 우리의 갈 바를 알려줄 목회자가 필요하다.

오늘날 사회의 모든 영역에서 민족의 죄악과 부패를 허물어 버릴 개혁자들이 일어나야 한다. 사회 특정 영역의 개혁자만으로는 민족을 제자로 삼아 가르칠 수 없고 나라를 개혁할 수 없다. 마태복음 28장 19-20절 말씀이 실제로 성취되려면 여러 계층에서 불의와 싸우고 나라를 개혁할 교회, 정부, 시장의 리더들이 연합하는 새로운 모임이 있어야 한다(하나님이 맡기시는 일은 무엇이나 사역이다).

클래펌 공동체는 출판을 통해 도덕적 양심을 나라에 심는 데 큰 성공을 거두었다(이 책도 그러한 일을 하기를 기도한다!). 한나 모어(Hannah More)는 1795년부터 소책자를 썼다. 그는 유명한 작가이자 교육자로 내가 알기로는 클래펌 공동체의 유일한 여성 리더이다. 이 소책자는 《값싼 휘보》(Cheap Repository Tracts)라는 이름으로 널리 알려졌다. 클래펌 공동체의 또 다른 구성원인 헨리 손턴(Henry Thornton)이 출판 자금을 대었고 영국 인구가 고작 800만일 당시에 소책자를 200만 부나 팔았다![5]

이 개혁자들이 정의로운 정부를 세우려고 힘쓴 일은 우리가 소금

---

5. Hill, *The Wilberforce Connection*, 28.

과 빛과 산 위에 세운 마을이 되어야 한다는 성경의 말씀과 일맥상통한다.

> 너희는 세상의 소금이다. 소금이 짠 맛을 잃으면, 무엇으로 그 짠 맛을 되찾게 하겠느냐? 짠 맛을 잃은 소금은 아무데도 쓸 데가 없으므로, 바깥에 내버려서 사람들이 짓밟을 뿐이다.
> 너희는 세상의 빛이다. 산 위에 세운 마을은 숨길 수 없다. 또 사람이 등불을 켜서 말 아래에다 내려놓지 아니하고, 등경 위에다 놓아둔다. 그래야 등불이 집 안에 있는 모든 사람에게 환히 비친다. 이와 같이, 너희 빛을 사람에게 비추어서, 그들이 너희의 착한 행실을 보고, 하늘에 계신 너희 아버지께 영광을 돌리게 하여라.
>
> 마태복음 5장 13-16절

입헌 정부

마태복음 5장은 예수님이 제자들에게 전하신 헌법 서문의 일부라고 할 수 있다. 우리는 하나가 되어 세상을 바꿀 사명이 있다. 다시 말하면 민주 선거에서 투표권을 행사하고, 사회에서 리더십을 발휘하며, 어디에서 무엇을 하든지 정의를 위해 싸워야 한다. 그리스도인들은 자신의 자리에서 빛으로 어둠을 물리쳐야 한다.

성경에는 올바른 정부의 원형이 있다. 그래서 우리는 이 땅에 확장될 하나님의 정부에 관해 기록한 이사야 9장 6-7절을 읽기만 해서는 안 되고 이 정부의 실현에 동참해야 한다.

> 한 아기가 우리를 위해 태어났다.
> 우리가 한 아들을 모셨다.
> 그는 우리의 통치자가 될 것이다.
> 그의 이름은 '놀라우신 조언자', '전능하신 하나님',
> '영존하시는 아버지', '평화의 왕'이라고 불릴 것이다.
> 그의 왕권은 점점 더 커지고
> 나라의 평화도 끝없이 이어질 것이다.
> 그가 다윗의 보좌와 왕국 위에 앉아서,
> 이제부터 영원히,
> 공평과 정의로 그 나라를 굳게 세울 것이다.
> 만군의 주님의 열심이 이것을 반드시 이루실 것이다.
>
> 이사야 9장 6-7절

성경이 말하는 정부의 몇 가지 기본 원칙은 다음과 같다.

대의정치

출애굽 이후에 하나님이 모세에게 주신 첫 정책은 대의정치였다.

"당신들은 각 지파에서 지혜가 있고 분별력이 있고 경험이 많은 사람들을 뽑으십시오. 그러면 내가 그들을 당신들의 지도자로 세우겠습니다."… 그래서 나는 당신들 가운데서 뽑은, 지혜가 있고 경험이 많은 사람을 당신들 각 지파의 대표로 세워서, 그들을 각 지파의 천부장과 백부장과 오십부장과 십부장으로 삼았고, 각 지파의 지도자로 삼았습니다.

신명기 1장 13, 15절

각 지파에는 기존 리더가 있었기 때문에 하나님은 지파 사회를 다스릴 완벽한 제도를 모세에게 주셨다.

사법 제도

하나님의 지도 아래 모세는 거룩한 나라 건설할 사법 제도를 만들었다.

그 때에 내가 당신들 재판관들에게 명령하였습니다. "당신들 동족 사이에 소송이 있거든, 잘 듣고 공정하게 재판하시오. 동족 사이에서만이 아니라, 동족과 외국인 사이의 소송에서도 그렇게 하시오. 재판은 하나님께 속한 것이니, 재판을 할 때에는 어느 한쪽 말만을 들으면 안 되오. 말할 기회는 세력이 있는 사람에게나 없는 사람에게나 똑같이 주어야 하오. 어떤 사람 앞에서도 두려워하지 마시오. 그리고 당신들이 판단하기 어려운 것이 있거든, 나에게로 가져 오시오. 내가 들어 보겠소."

신명기 1장 16-17절

삼권 분립

삼권 분립은 이사야 33장 22절에서 유래한다.

> 주님께서는 우리의 재판관이시며,
> 주님께서는 우리에게 법을 세워 주시는 분이시며,
> 주님께서는 우리의 왕이시니,
> 우리를 구원하실 분이시다.

미국에서는 삼권을 입법권, 사법권, 행정권으로 나눈다. 영국, 캐나다, 호주와 같은 나라는 군주제 국가로 수상과 의회를 둔다. 삼권 분립이 중요한 이유가 한 가지 있다. 인간은 죄인으로 견제와 균형이 필요하기 때문이다.

성경은 원형이다

성경은 이 땅의 정부를 위한 원형이다. 1382년 존 위클리프는 영어성경을 새롭게 번역하고 나서 말했다. "이 성경은 국민의, 국민에 의한, 국민을 위한 정부를 위한 것이다."[6]

성경을 모국어로 번역하고 출간하는 일은 개혁의 중요한 촉매였

---

6. Stephen McDowell and Mark Beliles, *Liberating the Nations* (Charlottesville, VA: Providence Foundation, 1995), 64.

다. 사람들은 사회에 대한 하나님의 뜻을 이해했고 성경을 다림줄로 삼아 성경의 눈으로 나라를 살폈다.

우리는 성경의 중요성을 간과해서는 안 된다. 하나님 말씀을 읽어야 할 뿐 아니라 그 말씀으로 세상도 읽어야 한다. 우리는 민족을 제자로 삼아 하나님의 정부와 법이 참으로 중요하다고 가르치고 하나님의 뜻을 거역하는 것은 무엇이든지 고쳐야 한다. 이것이 우리가 할 일이다.

하나님이 일하시는 공동체 정부

이 땅에 적합한 유일한 정부의 형태는 성경 원칙에 기초한 정부다. 하나님은 우주의 왕이시지만 하나님 말씀을 읽고 실천할 능력을 우리에게 주셨다. 우리는 하나님의 관점에서 인간의 본성과 죄에 물든 본성이 지닌 기만하는 재주를 간파해야 한다. 정부는 반드시 견제와 균형의 원칙을 지켜야 한다. 그렇지 않으면 연고주의와 부패의 유혹을 이기기 어려울 것이다. 공산주의 국가와 독재 국가를 보라. 책임이 없는 곳에서는 관료들이 자기 배만 불리기 때문에 정의가 쉽게 사라진다.

하나님은 한 사람의 독재가 아니라 공동체의 관계를 통해 일하신다. 그분은 안으로 성부와 성자, 성령의 공동체로 존재하신다! 우리는 소금과 빛으로서 열방을 산 위에 세운 마을로 변화시킬 것이다. 이 일은 영국의 클래펌 공동체처럼 우리가 연합하여 도덕적 기준을 명확하게 세울 때만 가능하다.

하나님은 우리를 대사로 삼아 우리를 통해 하나님의 선하심을 드러내신다. 경건한 정부는 창의성, 아름다움, 은혜, 평화를 베푼다. 인본주의와 마르크스주의 원칙에 기초한 부도덕한 정부는 점점 더 부패할 뿐이다. 성경의 의로운 기준을 지키지 않기 때문이다. 공산주의 사상의 영향으로 아름답고 화려한 러시아 건물은 칙칙한 잿빛 물체로 바뀌었다.

신명기 30장 15-18절에는 불경건한 정부의 최후가 명확하게 기록되어 있다.

> 보십시오. 내가 오늘 생명과 번영, 죽음과 파멸을 당신들 앞에 내놓았습니다. 내가 오늘 당신들에게 명하는 대로, 당신들이 주 당신들의 하나님을 사랑하고, 그의 길을 따라가며, 그의 명령과 규례와 법도를 지키면, 당신들이 잘 되고 번성할 것입니다.…
> 그러나 당신들이 마음을 돌려서 순종하지 않고, 빗나가서 다른 신들에게 절을 하고 섬기면, 오늘 내가 당신들에게 경고한 대로, 당신들은 반드시 망하고 맙니다. 당신들이 요단강을 건너가서 차지할 그 땅에서도 오래 살지 못할 것입니다.

하나님의 가치관과 도덕관이 없는 정부는 권력을 오용하고 부패와 차별이 스며든다. 존 달버그 액턴(John Dalberg-Acton) 경의 유명한 격언은 오늘도 유효하다. "권력은 부패한다. 절대 권력은 절대 부패

한다."⁷

이념의 원형

그리스도인은 역사를 공부해야 한다. 그래야 하나님이 역사의 주인이심을 배울 수 있고 중보기도로 끊어버려야 할 사상의 원형이 무엇인지 파악하여 모든 민족을 치유할 수 있다. 18세기에 영국과 프랑스에서 무슨 일이 일어났는지, 그 차이가 무엇인지를 알아보자.

영국은 흠정역 성경이 출판되고 유통되었을 뿐 아니라 위클리프, 웨슬리, 휫필드, 윌버포스와 클래펌 공동체와 같은 개혁자들의 가르침에 꾸준히 영향을 받았다. 반면에 프랑스는 이러한 영향을 받지 못했다. 기록된 말씀과 18세기 초기 대각성의 힘이 영국에서 유혈 혁명이 일어나지 못하게 막은 것이다. 그러나 프랑스는 유럽 역사상 가장 참혹한 유혈 혁명을 겪었다. 영국은 성경적 세계관을 따랐고 프랑스는 인간의 본성과 사회에 대해 장 자크 루소의 사상을 바탕으로 한 세계관을 따랐다는 점이 두 나라의 가장 큰 차이다.

루소는 인간의 본성과 사회가 근본으로 다르다고 본다. 그는 인간이 자연 상태에서 살 때는 본래 선했지만(문명과 사회가 생기기 전의 모든 동물의 상태와 인류의 조건) 인간이 사회에서 무리를 지어 살면 부패한다고 주장했다. 그는 사람이 본래 친절하고 '고귀한 야만인'이었으나 오직 문명이 발달하고 상호의존성이 증가할수록 그 본성이 불평등으로 타락한다고 믿었다. 오늘날 사회 대부분은 이 '고귀한 야만인' 즉 사람이 완벽한 자연 상태에서는 죄를 짓지 않을 것이라는 가르침에 물들었다. 사람들은 천성이 선하고 태어날 때는 죄성이 전혀 없다고 믿는다.

루소는 권력과 부를 가진 자들이 대중을 '속여서' 정부를 만들었다고 생각했다. 그렇기 때문에 인간 사회는 처음부터 속이고 조작하는 집단이며 권력과 부를 가진 자들이 만든 이 사회를 '인간 회복의 정치'로 해방시켜야 한다고 주장한다. 이 사상은 정치가 더 나은 세상을 만드는 수단이 될 뿐 아니라 인간의 본성을 바꾸어 '새로운 인간'을 만드는 수단이라고 말한다. 선함과 정의를 나타내는 새로운 마음이 필요한 것이 아니라 가족과 사회, 교회와 같은 외적 윤리와 사회적 제도에서 해방되어야 한다는 것이다. 국가가 나서서 고루한 관습을 근절하고 시민들을 새로운 정치 유토피아로 이끌어야 한다는 것이다.

따라서 그는 개혁자들에게 제도, 법, 관습, 전통에서 사람들을 해방시키라고 주문했다. 그는 해방을 쟁취하거나 사회 제도에서 "시민을 해방시키는" 국가의 야망을 성취하는 데 필요한 어떠한 도덕 원칙도 제시하지 않았다. 그래서 로베스피에르, 마르크스, 레닌, 히틀러, 마오쩌둥 등 인류 역사상 최악의 폭군들이 이 철학을 받아들였다.[8]

이 무서운 '사회 신조'나 '사회 이론'은 프랑스, 캄보디아, 러시아,

---

7. Miller, *Discipling Nations*, 139 (see ch. 4, n. 1).《생각은 결과를 낳는다》.

한국 등지에서 피비린내 나는 유혈 혁명을 일으켰다.[9] 이러한 사상은 목적이 수단을 정당화한다. 어떤 수단을 써서라도 어떤 희생을 치르더라도 기존의 사회와 도덕은 없애야 한다. 마르크스주의 혁명은 이러한 사상에서 출발했다. 법을 주시는 창조주 하나님의 통치가 없다면 독재자와 대량 살육이 세상을 지배할 것이다.

루소의 "급진적 윤리 상대주의"

루소의 철학에 다원주의와 인본주의를 더하고 공산주의 사상을 부으면 '급진적 윤리 상대주의'가 탄생한다. 이것은 혁명적 사상과 행동이 뒤섞인 독한 칵테일이다. 어떤 사람들은 루소가 사유재산제를 최초로 공격한 작가이며 따라서 공산주의 사상의 선구자라고 생각한다. 루소에 따르면 어떤 수단을 써서라도 국가는 만인을 위한 정의, 평등, 자유의 실현이라는 다수의 '이상'을 이룰 책임이 있다.

루소의 저작은 히틀러가 완벽한 아리안 세계에 '적합하지 않은' 사람들을 바라보는 관점에 영향을 주었다. 교육에 관한 루소의 저작에는 그가 "쓸모없는 불구자"라고 일컫는 아이들이 아닌 건강한 어린이들만 가르쳐야 한다고 암시하는 부분이 있다. 그의 철학은 독일 나치 정부의 사상과 사회에 부적합한 사람을 안락사시키는 "T-4" 작전에 영향을 끼쳤다. 그 다음 논리적 귀결이 우생학이다. 시어도어 루즈벨트와 윈스턴 처칠과 같이 위대한 '도덕적' 리더들도 우생학 개념을 널리 받아들였다.[10] 이것은 루소의 사상이 다원주의, 인본주의와 결합하는 것과 과학이 정치에 이용되는 것이 얼마나 무서운 것인지 보여준다. 이것은 오늘날 사람들이 낙태라는 대학살과 악을 묵과하는 것과 비슷하다.

물론 이와 같은 일은 모든 생명의 근원이시고 어떤 형태의 생명이든지 소중히 여기시는 창조주 하나님의 도덕적 통치를 무시하고 망각할 때에만 일어난다. 오늘날 지구상의 어린이들 가운데 하나님께 가치가 없는 어린이는 한 사람도 없다. 하나님 아버지는 모든 어린이를 사랑하시며 각 사람의 일생에 특별한 목적을 두신다. 이와 반대로 마귀는 어린이들을 죽이려 하고 하나님이 세상에 주신 복의 역할을 못 하게 막는다.

나는 조카 리즈 마리 레스밀러를 생각한다. 조카가 태어날 때 의사들은 조카에게 자폐증이 있어서 사회생활이 어려울 것이라고 진단했다. 그러나 기도와 치료 덕분에 리즈는 사회생활을 잘하고 있고 스스로 등교하며 모든 과목에서 A학점을 받는다. 미네소타 주에 사는 리즈는 수업을 주도하는 학생이 되었다. 독일의 나치는 내 조카를 없애려고 했을 것이다. 그러나 미국의 윤리는 다르다.

---

8. Charles Colson and Nancy Pearcy, *How Now Shall We Live?* (Wheaton, IL: Tyndale House Publishers, Inc., 1999), 171. 콜슨과 피어시는 루소가 혁명과 사회에 끼친 영향을 훌륭하게 진단했다.《그리스도인 이제 어떻게 살 것인가?》(요단출판사 펴냄).

9. 나는 루소의 가르침과 관련된 프랑스 혁명의 원칙을 강하게 반대하지만 프랑스 국민의 정신은 존경한다. 이 주제에 관해 살필 때는 종교의 자유를 회복하는 데 크게 기여한 위그노를 반드시 기억해야 한다.

10. Michael Crichton, "Why Politicized Science Is Dangerous," Appendix A *State of Fear:* (New York, Harper Collins, 2004), 575-580.

아브라함 카이퍼—네덜란드의 기준

루소의 가치를 실현한 프랑스 혁명은 사람을 죽이고 나라를 부수고 19세기까지 유럽을 흑사병처럼 감염시켰다. 하나님이 없는 혁명은 참으로 무서운 것이다. 그러나 하나님은 다음 세기를 위해 이 혁명의 요새에 대항할 정의의 선구자 아브라함 카이퍼(Abraham Kuyper)를 네덜란드에 준비해 두셨다.

미국인은 혁명을 좋은 것으로 생각한다. 그러나 프랑스 혁명 직후에 유럽이 필요했던 것은 반혁명주의자 또는 루소의 가치관에 반대하는 사람이었다. 혼란과 불확실함이 지배하고 원수가 강물처럼 몰려올 때(사 59:19) 하나님은 언제나 기준을 세우신다는 사실에 우리는 위로를 받는다. 카이퍼의 경우 이 기준은 글이었다.

아브라함 카이퍼(1837-1920)는 칼뱅주의자로서 개혁교회 목사였다. 그는 모든 면에서 그 세대의 예언자이자 개혁을 설파하는 목사였다. 그는 사람들의 문화와 신앙을 지키려고 프랑스 혁명과 루소를 통해 들어와 모든 것을 위협하는 사상에 용감하게 대항했다. 강대상에서 설교하는 목사들과 달리 카이퍼는 다양한 개혁적 행동으로 사회의 변화를 이끌었다.

예를 들면 그는 1872년 〈기준〉(De Standaard)이라는 신문을 창간했다. 그가 믿음의 군사들을 결집시킨 모토는 "믿음의 선한 싸움을 싸우라"였다. 거의 50년 동안 그가 강대상에서 외친 주제였다. 카이퍼는 〈기준〉을 도구로 삼아 여론을 주도했다. 그는 사설을 통해 공론의 장을 열었고 이러한 공론은 언론과 의회로 번졌다. 이 신문은 카이퍼가 창당한 반혁명당(Anti-Revolutionary Party)의 기관지 역할도 했다. 반혁명당은 정의를 외쳤고 프랑스가 겪었던 폭력과 불경건한 혁명에서 네덜란드를 지켜내려고 배수진을 쳤다.

아브라함 카이퍼는 자신의 영웅, 스위스 제네바를 건설한 젊은 개혁자 장 칼뱅에게 깊은 영향을 받았다. 칼뱅은 스물다섯 살 때 성경번역가인 사촌 호베흐 올리베탕(Robert Olivetan)과 자크 르페브르(Jacques Lefevre)를 만났다는 이유로 잠시 수감되기까지 했다.[11] 칼뱅은 제네바의 헌법 초안을 작성했다. 공직생활을 하지는 않았지만 제네바의 인프라와 경제를 개혁했다. 병원과 하수도 시설과 같은 사회체계를 갖추고 모든 계급을 위한 교육을 실행했다. 칼뱅은 목사들이 가난하고 병든 자들을 정기적으로 방문하고 병원에 입원한 환자들에게 찾아가게 했을 뿐 아니라 매년 한 번씩 도시의 모든 가정을 방문하게 했다.[12]

실행 방법의 문제로 이 신성한 도시는 오래가지 못했지만(나는 칼뱅의 방법을 모두 지지하지는 않는다) 그 사상과 실천은 몇 광년을 앞선 것이었다.

---

11. McDowell and Beliles, *Liberating the Nations*, 54.
12. James S. Bell Jr. and Tracy Macon Sumner, *The Reformation and Protestantism* (Indianapolis, IN: Alpha Books, 2002), 157.

경건한 저널리즘의 요구

선거철이 되면 〈기준〉에는 반혁명당원들에게 다양한 선거구에서 신념을 지키고 노선에서 벗어나지 말 것을 촉구하고, 경고하고, 격려하는 짧은 사설이 가득 실렸다. 카이퍼의 교육열은 정치 참여에 무관심한 추종자들을 유능한 시민으로 개조하는 내면의 동기가 되었다.[13]

민족의 사상과 마음에 공평과 정의를 심으려면 여론을 주도할 개혁의 토대를 글로 쓰고 발행할 기자와 신문이 있어야 한다. 오늘날 보수적 신문들이 있지만 그 수가 매우 적다. 내가 아는 신문들은 반기독교 정서에 깊이 물들어 하나님 나라에 대항하는 선전물에 불과하다. 우리는 복음을 발행할 언론인의 소명을 지닌 사람들이 필요하다!

카이퍼는 당대의 사도였다. 실제로 그는 대학교를 세우고 수상이 되었다. 1898년 "프린스턴 스톤 강연"에서 들려준 그의 음성은 오늘날에도 주효하다. 대중은 자유로울 권리가 있다는 사상을 처음 소개한 것은 프랑스 혁명의 철학자들이 아니다. 이 사상은 "프랑스 혁명이라는 불경건한 바다에서 건져낸 사상이 아니라 루소와 몽테스키외가 순교자의 머리 된 위그노한테서 훔쳐낸 것이다."[14]

배수진을 치다

카이퍼와 같이 '배수진'을 치고 불의에 저항한 사람들은 세대마다 일어났다. 그러나 우리가 오늘날 이 시대를 정확히 이해하고 평화의 왕의 어깨 위에 정부를 세우기 위해(사 9:6-7) 무엇을 고쳐야 하는지 알려면 공상적 이상주의와 공산주의 두 이념을 알아야 한다. 당신은 "나는 이 두 이념과 아무런 상관이 없다"라고 말할지 모른다. 1917년 공산주의 혁명이 일어나기 전에 제정 러시아 사람들도 그렇게 말했을 것이다.

하나님이 이 땅에 계획이 있으신 것처럼 하나님 나라의 원수도 계획이 있다. 원수는 대륙과 민족의 이념 틀을 재구성하고 하나님을 사회에서 몰아내고 자신의 악한 계획을 사회에 주입하려고 애쓴다. 이것에 관해 성경에는 흥미로운 말씀이 있다.

> 그가 가장 높으신 분께 대항하여 말하며, 가장 높으신 분의 성도들을 괴롭히며['해치고 죽인다'라고 번역하기도 한다], 정해진 때와 법을 바꾸려고 할 것이다.
>
> 다니엘 7장 25절

사탄은 무지로 우리를 파괴한다(호 4:6). 사탄은 정부의 틀을 바꾸

---

13. *Religion, Pluralism, and Public Life* Luis E. Lugo, ed., (Grand Rapids, MI/Cambridge, UK: William B. Eerdmans Publishing Co., 2000), 56.
14. Abraham Kuyper, *Het calvinisme. Oorsprong en waarborg onzer constitutioneele vrijheden* (Amsterdam: Van der Land, 1874), 45, quoted in De Bruijn, "Calvinism and Romanticism," in Lugo, *Religion*, 53.

어 자신의 "왕국을 지상에 세우려는" 계략을 우리가 알기를 바라지 않는다. 사탄이 가장 많이 사용하는 두 가지 연장은 자기만족과 무지다! 내가 루소와 공상적 이상주의 등에 관해 말하는 까닭은 마태복음 6장 10절의 말씀대로 하나님의 뜻이 하늘에서 이루어진 것 같이 땅에서도 이루어지게 하려고 당신을 자극하고 개혁자로 준비시켜 사회로 보내기 위해서이다.

우리는 이 두 이념을 알아야 민족의 변화를 위해 어떻게 기도하고 행동해야 하는지 알 수 있다.

공상적 이상주의

공상적 이상주의는 사람은 천성이 선해서 올바른 조건만 갖추면 사람의 힘으로 완벽한 사회를 만들 수 있다고 믿는다. 이것의 핵심은 인본주의이며 이른바 계몽시대의 기본 전제다.

인간은 악하지 않으므로 가난을 제거하고, 질병을 고치고, 사회복지의 효율을 높이는 등 사회의 특정 구조만 바꾸면 완벽한 사회를 만들 수 있다는 것이다. 이 이념은 인간의 본성은 선하고 사회가 선택한 사람들을 위해 이 '선'을 실현하는 것이 정부의 역할이라는 루소의 철학에 바탕을 둔다.

이 이념은 실현불가능하다. 인간은 죄인이기 때문이다. 그래서 우리는 하나님이 우리를 위해 기록하신 율법서와 구세주가 필요하다.

칼 마르크스와 공산주의

공산주의의 핵심은 공상적 이상주의다. 칼 마르크스와 프리드리히 엥겔스는 "공산주의 선언"을 통해 지상천국을 건설할 수 있다고 믿었다. 두 혁명가는 공산주의 국가를 세울 수만 있다면 어떤 수단도 옳고 선하다고 믿었다. 그들은 "수단이 목적을 정당화한다"는 말의 창시자가 될 뻔했다.

칼 마르크스는 유대인 부모를 둔 독일인이었다. 처음에 그는 루터파 목사가 되려고 신학 공부까지 했다. 결국 그는 파리로 유학을 가서 법률을 공부했고 파리에서 엥겔스를 만났다. 그들은 공산주의자의 새로운 이상향이 모든 악을 해결하여 모든 민족이 공산주의자가 될 것이라고 믿었다.

"공산주의 선언"은 1848년 마르크스의 무덤이 있는 런던에서 작성되었다. 이 선언은 무산자 계급에게 유산자 계급을 타도하라고 요구한다. 가족뿐 아니라 사유재산제의 폐지가 이 정치 철학의 정수이다. 사상교육을 위해 가정교육은 금지된다. 가족, 결혼, 하나님의 개념은 자유로운 사랑을 위해 완전히 사라진다. 공산주의는 철저하게 무신론이다!

니콜라이 레닌은 러시아에서 공산주의 이념을 실현했으며 그 결과로 약 6,000만 명이 목숨을 잃었다. 교회 수만 개가 파괴되거나 훼손되었다. 솔제니친은 이 무서운 결과의 원인을 한마디로 요약한다. "인간이 하나님을 잊었기 때문이다."[15]

소련은 사라졌지만 공산주의는 오늘날도 활개를 친다. 여러 나라에서 실패한 공산주의는 라틴아메리카, 중국, 북한 등에 여전히 살아 있다.

개혁자에게

하나님은 아브라함 카이퍼와 윌리엄 윌버포스와 같은 개혁자를 찾고 계신다. 교회와 시장과 정부 리더들은 힘을 모아 죄악과 불경건의 흐름을 차단하고 민족들을 성경의 질서와 거룩함으로 회복해야 한다.

하나님의 백성은 공직자와 정책 입안자로 부름을 받은 개혁자들을 발굴해야 한다. 우리는 자신에게 물어야 한다. "오늘의 윌버포스들이 어디에 있는가?" 그리고 더욱 통렬하게 물어야 한다. "나는 준비가 되었는가?"[16]

---

15. Aleksandr Solzhenitsyn, "Men Have Forgotten God," *National Review* (July 22, 1983), 872, quoted in Breese, *Seven Men*, 74 (see ch. 5, n. 7).《무덤 속에서 세상을 움직이는 일곱 사람》에서 인용.
16. 찰스 콜슨은 리더들에게 세계관을 가르치는 훌륭한 포럼(Centurions Program)을 열었다. 그는 그리스도인의 9퍼센트만이 절대적 도덕의식의 성경적 세계관을 가지고 있다는 조지 바나(George Barna)의 말을 인용하면서 이런 훈련이 필요하다고 말했다. 자세한 내용은 홈페이지를 참고. *www.breakpoint.org/generic.asp?ID=2748* (accessed September 7, 2007).

제 8 장

성경적 경제학:
창세기의 저주를 끊으라

해질녘 유리관은 희미하게 빛났다. 나는 이탈리아 플로렌스의 어느 성당에서 유리관 속에 보관된 성 프란체스코의 낡은 옷을 유심히 관찰했다. 그리고 내가 기억하는 그의 일생을 더듬었다. "그는 희생하고 베푸는 삶으로 전 세계 교회의 지세를 바꾸었어." 혼잣말로 중얼거렸다. "무절제뿐 아니라 부패와도 맞서 싸웠지." 그러고 나서 나는 놀라운 사실을 깨달았다. 그는 전 재산을 기부했고 선행을 수없이 많이 했지만 그의 가르침을 통해 무언가 다른 것이 교회 정신에 들어왔다. 곧 청빈과 영성은 비례한다는 것이다(다시 말하면 영성이 깊을수록 은행잔고는 줄어든다는 것이다).

성 프란체스코는 위대한 업적을 남겼지만 오늘날 우리는 그의 소명을 영적 공식으로 둔갑시켰다. 우리는 부유한 것이 잘못이라고 생각하지만 사실 부를 획득하는 방법과 부를 사용하는 방법이 잘잘못을 결정한다. 그 결과 오늘날 여러 교회가 가난과 영성은 같은 것이므로 부유한 것은 악하다라는 재물관을 가지고 있다.

우리 가족도 이러한 재물관에 영향을 받았다. 사실은 우리 가족이 이러한 재물관을 지닌 것이 아니라 교회 교인들이 가지고 있었다. 교인들은 아버지에게 사례를 많이 주지 않았고 아버지가 조금 근사한 중고차를 마련하자 비난을 멈추지 않았다. 결국 아버지는 그 차를 되팔았다. 우리는 가난했다. 미국 교인들이 목사에게 놀리듯 하는 말이 있다. "우리가 그들을 가난하게 만들면 하나님은 그들을 겸손하게 만드신다."

우리 가족이 느낀 것은 겸손이 아니라 굴욕이었고 영적인 것과는 거리가 멀었다!("그들을 용서합니다, 하나님!" 내 기도에 동참할 목사나 목사의 자녀들은 없는가?)

낡은 태도를 버리라

우리 교회 교인들이 가난과 영성은 비례한다는 문화적 편견에 물들어 있었기 때문에 우리 가족은 피해를 입었다. 그러나 하나님의 말씀은 돈을 사랑하는 것(딤전 6:10)이 죄이지 부를 관리하는 것(딤전 6:17-19)을 죄라고 하지 않는다.

재물에 대해 성경적 세계관을 가지지 못하면 우리는 이 땅을 제대로 관리할 수 없다. 거룩한 나라가 하나님 나라와 뜻을 실현하려면 개인뿐 아니라 공동체가 부와 영향력을 지녀야 한다.

재물에 대한 관점을 제대로 이해하려면 에덴동산으로 돌아가야 한다. 사람에게 에덴동산을 맡기는 것은 하나님의 본래 계획이었다. 에덴동산은 관리하기 어렵지 않았다. 그러나 아담과 하와가 타락한 뒤 인류는 완벽한 삶에서 쫓겨났다. 그러나 우리에게 주어진 일은 결코 바뀌지 않았다. 죄 때문에 땅이 저주를 받기는 했지만 우리는 여전히 청지기다. 바꾸어 말하면 성경은 아담과 하와에게 위임한 것을 우리에게도 위임한다. 우리는 이 땅을 본래의 풍요로운 상태로 되돌려야 한다. 이 땅은 저주받았지만 우리가 하나님의 언약을 이해하면 저주를 파기할 수 있다. 마태복음 6장 10절이 우리의 사명을 말한다.

> 그 나라를 오게 하여 주시며,
> 그 뜻을 하늘에서 이루심 같이,
> 땅에서도 이루어 주십시오.

우리는 어떤 저주를 파기해야 하는가? 창세기 3장 17-19절을 보자.

네가 아내의 말을 듣고서, 내가 너에게 먹지 말라고 한 그 나무의 열매를 먹었으니, 이제, 땅이 너 때문에 저주를 받을 것이다. 너는, 죽는 날까지 수고를 하여야만, 땅에서 나는 것을 먹을 수 있을 것이다. 땅은 너에게 가시덤불과 엉겅퀴를 낼 것이다. 너는 들에서 자라는 푸성귀를 먹을 것이다. 너는 흙에서 나왔으니, 흙으로 돌아갈 것이다. 그 때까지, 너는 얼굴에 땀을 흘려야 낟알을 먹을 수 있을 것이다. 너는 흙이니, 흙으로 돌아갈 것이다.

(나는 정원에서 잡초를 열심히 뽑으면서 이 저주를 떠올린 적이 있다. 장미 가지를 치다가 가시에 찔렸을 때 저주를 받아서 장미에 가시가 생겼다고 생각했다!)

이 두 구절은 우리가 개혁의 중보기도자임을 보여준다. 이 주제는 제9장에서 설명할 것이다. 기도로 이 땅을 저주에서 구할 방법이 있다는 것은 좋은 일이다.

저주의 결과, 희소성

이 저주는 오늘날 경제학의 기본 원리가 되었다. 바로 희소성이다. 온라인 사전 사이트 Dictionary.com에 따르면 희소성이란 "공급의 부족, 결핍"이다.

타락의 저주를 없애려고 오신 예수님은 우리의 죗값을 지불하셨을 뿐 아니라 갈라디아서 3장 13-14절에 따르면 저주와 그 결과인 희소성, 부족, 결핍까지 끊으셨다.

그리스도께서 우리를 위하여 저주를 받은 사람이 되심으로써, 우리를 율법의 저주에서 속량해 주셨습니다. 기록된 바 "나무에 달린 자는 모두 저주를 받은 자이다" 하였기 때문입니다. 그것은, 아브라함에게 내리신 복을 그리스도 예수 안에서 이방 사람에게 미치게 하시고, 우리로 하여금 믿음으로 말미암아 약속하신 성령을 받게 하시려는 것입니다.

십자가를 통해서 접붙임을 받은 우리는 신명기 28장의 말씀대로 이스라엘이 선택할 수 있는 복과 저주를 똑같이 받는다.

하나님이 세상을 무척 사랑하셔서 개인뿐 아니라 세상을 구하시려고 독생자를 주셨다는 것을 기억하라(요 3:16). 하나님은 창조세계 전부를 사랑하신다! 지구, 하늘, 영적 세계, 모든 피조물, 특히 최고의 피조물인 인간을 사랑하신다. 하나님은 번성하고 충만하고 다스리라는 창세기 1장 28절의 말씀을 다시 우리에게 위임하기를 바라신다.

하나님이 그들에게 말씀하시기를 "생육하고 번성하여 땅에 충만하여라. 땅을 정복하여라. 바다의 고기와 공중의 새와 땅 위에서 살아 움직이는 모든 생물을 다스려라" 하셨다.

바꾸어 말하면 하나님은 결코 마음을 바꾸지 않으셨다. 우리도 아담과 하와가 위임받은 것을 똑같이 위임받았다. 창세기 1장 28절대로 우리는 이 땅의 청지기로서 해야 할 일이 있다.

1. 생육하고 번성하여 : "다수가 되다, 무리를 짓다, 더욱 늘다, 증가하다."[1]
2. 땅에 충만하여라 : "가득 채우다, 정진하다."[2]
3. 정복하여라 : "지배하다, 정복하다, 종속시키다."[3] "속박하다."[4]
4. 다스려라 : "통치하다, 복종시키다."[5]

이 원문을 읽고도 책임을 다했다고 말할 수 있는가?

우리가 서로 물어야 할 흥미로운 물음이 있다. 세상은 완벽한데 하나님은 왜 아담과 하와에게 이와 같은 것을 명하셨을까? 하나님은 이 완벽한 세계에 죄가 들어올 것을 아셨고 죄가 들어오면 무엇을 해야 할지 사람이 배워야 했기 때문이다.

《넬슨 뉴킹제임스 스터디 성경》의 주석을 인용한다.

> '다스리다'라는 말은 "속박하다"라는 뜻으로 적을 정복할 때 사용하는 군사 용어이다(슥 9:15). 정복 전쟁에 나서는 한 나라의 왕처럼 만군의 왕 하나님은 사람에게 지구를 정복하고 다스리라고 명하신다. 까닭이 무엇인가?
>
> 버려진 지구는 선하지 않을 것이다. 하나님의 계획에 따라 모든 것을 다스릴 권리가 있는 우리가 "청지기가 되어 관리해야" 한다. 이 일에는 남녀 누구나 동참해야 한다.[6]

하나님이 땅에 있는 것들이나 하늘에 있는 것들이나 다 예수님의 십자가의 피로 평화를 이루셔서 화해시키셨다고 기록한 골로새서 1장 19-20절을 읽어 보면 이 말을 더 잘 이해할 수 있다.

저주를 뒤집는 방법

어떤 사람들은 "내가 이것과 무슨 상관인가?"라고 물을 것이다. 당신이 그리스도의 제자로서 거듭난 그리스도인이라면 에덴에서 받은 본래의 위임은 회복되었다. 당신은 하나님 나라를 실현하고 하나님의 뜻을 이루어야 한다. 이것은 사회의 모든 영역과 관련이 있다. 한 민족의 사상, 법률, 공직자, 경제 구조 등 모든 것이 하나님의 청사진 곧 성령의 감동으로 기록된 하나님 말씀에 따라야 한다. 바꾸어 말하면 희소성, 가난, 결핍, 부패, 인본주의, 질병의 저주를 파기할 개혁자가 될 힘과 자격이 당신에게 있다. 사람들은 매일 죄를 짓기 때문에 예수님이 오실 때까지 세상은 다시 완벽해지지는 않을 것이나 우리는 그리스도 안에 있는 청지기로서 하나님이 허락하신 힘으

---

1. James Strong, *Enhanced Strong's Lexicon* (Ontario: Woodside Bible Fellowship, 1996) #H7235, s.v., "rahbah."
2. 같은 책, #4390, s.v., "mala."
3. 같은 책, #3533, s.v., "kabash."
4. *Nelson's New King James Version Study Bible* (Nashville, TN: Thomas Nelson, 1997), 6.
5. Strong, #7287, s.v., "radah."
6. *Nelson's NKJV Study Bible*, 6, 저자가 강조.

로 이 땅을 책임져야 한다.

이것은 참으로 놀라운 사명이다! 부모는 가정에서 자녀를 양육하고, 학교에서 교사는 어린이를 가르치는 등 사회 여러 계층에서 차세대를 훈련함으로써 이 일은 시작된다. 우리는 하나님의 말씀을 읽는 법뿐 아니라 그 말씀으로 하나님의 세상을 읽는 법을 배워야 한다. 하나님 말씀은 엑스선과 같이 우리가 고쳐야 할 것과 지켜야 할 것을 보여준다.

콜로라도 주 콜로라도스프링스에서 살 때 남편 마이크는 대안경제에 대해 가르쳤다(우리 식구 중에서 남편이 제일 똑똑하다). 대안경제는 화폐제도나 불환지폐제도(정부나 은행이 보증하는 하나의 '증권'이나 물건. 이를테면 그 자체로는 아무런 가치가 없는 지폐와 같은 것으로 가치를 상징하는 제도)를 바탕에 두지 않는다. 이것은 금, 은, 곡물, 다이아몬드와 같은 실물 거래에 바탕을 둔 제도와 다르다. 나는 남편의 강의를 듣고 창조주의 핸드북인 성경에서 창조주의 경제 원칙을 연구했다. 이 연구는 지금도 진행 중이지만 나는 몇 가지 기본 원리를 찾았다.

경제학이라는 말은 그리스어 오이코노미아(oikonomia) 즉 "집안 살림을 맡다"에서 유래한다.[7] 간단히 말하면 이것은 공급이 제한되어 있거나 넉넉하지 못한 것을 관리하는 학문이다. 성경적 경제학을 다룬 톰 로스(Tom Rose)의 책에 따르면 경제학자에게 희소성이란 피할 수 없는 요소다. 톰은 이 사실을 염두에 두고 묻는다.

한 편에는 영적 통찰이 있고 다른 편에는 그런 통찰이 없기 때문에 동일한 전문 지식을 쌓은 경제학자들이 상반되는 정책안을 내는 것일까?[8]

물론이다. 희소성은 타락이 가져온 가난의 저주에서 비롯했다는 것을 그리스도인들은 안다. 그러나 예수님이 대가를 치르고 우리를 타락에서 구원하셨고 우리는 희소성의 저주에서 풍요로 옮겨졌다. 풍요는 희소성의 반대말이다. 따라서 우리는 그리스도 안에서 새로운 원칙으로 산다.

우리가 보여주는 사회와 우리의 모든 삶은 풍성해야 한다.

우리는 생육해야 한다. 우리는 "우리 주위의 모든 것이 번성할 것이다"라고 들었다. 우리는 모든 것을 정복하고 다스리는 복을 받았다. 이것은 아브라함의 복을 받는다는 의미다. 우리는 결핍에서 구출되어 풍요로 들어갔다. 간신히 연명할 땅에서 언제나 넉넉하고 풍성한 하나님의 땅으로 건너갔다.

---

7. Miller, *Discipling Nations*, 114. 《생각은 결과를 낳는다》.
8. Tom Rose, *Economics: Principles and Policy From a Christian Perspective* (Mercer, PA: American Enterprise Publications, 1986), 33-34.

창조주의 경제학[9]

희소성이 모든 경제학자의 사고를 지배하는 것은 아니다. 희소성은 좌파 정치인들이 귀를 기울이는 자유주의 케인즈 경제학자들의 사고를 지배한다.[10] 그들은 우리가 "눈에 보이는 것만이 전부인" 유한한 세계에 산다고 말한다. 우리가 우연히 생긴 존재일 뿐이라면 자원은 유한하기 때문에 우리에게 있는 부족한 자원을 통제해야 한다.

그러므로 자유주의 경제학은 희소성의 원칙으로 세상을 파악하고 정부의 통제와 간섭에 초점을 둔다. 예를 들면 1960년대 후반 인구 증가는 주요 문제였다(오늘날 우리가 '지구온난화'의 위협을 크게 걱정하듯이 그 당시 사람들은 파울 에를리히(Paul Ehrlich)의 저서 《인구 폭발》(The Population Bomb)에 많은 영향을 받았다). 희소성을 바라보는 이러한 관점은 그 당시 약 35억이었던 세계 인구가 더 증가하면 지구가 더 이상 감당할 수 없을 것이라는 점에 초점을 두었다. 인구 과잉에 관한 문제는 자유주의 경제학자들의 주요 강령이 되었다. 따라서 지구의 인구를 줄이거나 통제하는 것이 우리가 해야 할 '애국적 의무'였다(낙태, 피임, 중국의 한 자녀 낳기 운동 등). "생육하고 번성하라"는 하나님의 명령과는 정반대이다(창 1:28).

세계 인구는 곧 70억이 되므로 이것은 분명히 불합리한 논쟁이다. 내가 항상 하는 말이 있다. "나는 댈러스에서 아마릴로를 다니는 사람들 중에 세계 인구가 많다고 말하는 사람이 있으면 누구라도 반박할 것이다." 통계로 말하면 지구의 모든 가족에게 북미의 땅을 612평씩 나누어 주어도 400만 평방미터가 남는다. 나머지 대륙에서 곡식을 거두고 자원을 개발하면 된다.

공급 경제학, 자유시장 경제학과 같은 새로운 경제학파들은 기본으로 번영의 관점을 지니고 있고 그들의 세계관은 훨씬 더 성경적이다. 그들은 결핍과 한계 대신에 성장과 번영에 초점을 둔다. 자유시장 경제학은 물이 높은 곳에서 낮은 곳으로 흐르듯이 사람들에게 자유를 주면 자기 이해에 따라 행동할 것이고 경제는 성장할 것이라고 말한다. 번영하려고 일하는 사람들은 번영할 것이다. 정부의 계획과 복지를 위해 부자에게 과세한다는 생각과는 다르다.

청지기정신은 희소성을 관리한다는 개념과는 매우 다르다. 요셉이 보디발의 집에서, 억울하게 갇힌 감옥에서, 가뭄을 겪는 이집트 정부에서 어떻게 행동했는지 보라(창 39-45). 중동이 모두 굶주릴 때 요셉은 풍부한 식량으로 살 수 있는 모든 것을 사들였다. 그는 가뭄이나 불모지에 제한받지 않았다!

여러 가지 면에서 이 '풍요'의 학파들은 그 뿌리가 우리와 비슷하다. 자유시장 경제학은 사회주의가 나타나기 전에 널리 인정받았으나(예를 들면 아담 스미스의 '보이지 않는 손') 인본주의 세계관이 교육 제도

---

9. 이 정보를 알려준 Cornerstone Financial Service의 Jerry Tuma에게 감사한다.
10. 케인즈는 무신론자였고 페이비언 사회주의자였다. 미래에 지구적 사회주의 정부가 세워지면 세상의 문제들이 모두 해결될 것이라고 믿었다. 우리는 무한한 하나님의 눈으로 세계를 인식해야 한다. 자원은 희소하다는 생각으로 세계를 인식하면 안 된다.

를 지배하자 케인즈의 인본주의 경제이론이 경제 사상도 지배했다. 1970년대 후반부터 케인즈 경제학설은 꾸준히 입지를 잃고 있지만 미디어, 자유주의 정치인, 학자들 사이에서 이 사상은 여전히 우세하다.

풍성한 마음가짐

하나님은 우리가 풍요롭기를 바라신다. 그렇지 않다면 예수님은 도둑이 훔치고 죽이고 멸망시키려고 오지만 자신은 "양들이 생명을 얻고 또 더 넘치게 얻게 하려고 왔다"라고 말씀하지 않으셨을 것이다(요 10:10). 나는 주변에 좋지 않은 일들이 생기면 도둑이 나를, 내 사역을, 열방의 장군들 동역자들을 멸망시키려 한다는 것을 알고는 이렇게 선포한다. "이것은 나(또는 내 가족이나 내 동역자)를 향한 하나님의 뜻이 아니다! 하나님은 내게 넘치게 주신다. 하나님이 주시는 건 부족한 삶이 아니라 풍성한 삶이다."

우리는 사무실 기도게시판에 요한복음 10장 10절 말씀을 적어 놓고 동역자들과 사역을 위해 기도할 때마다 인용한다. 풍성함은 우리의 것이다. 이것은 약속된 권리다. 아브라함의 복은 우리가 그리스도 예수를 통해서 하나님의 가족이 되었기 때문에 우리의 것이다(롬 11). 그러므로 우리는 약속된 권리로 창세기의 결핍과 부족의 저주를 깨부술 권위가 있다. 신명기 8장 6-9절 말씀이다.

당신들은 주 당신들의 하나님의 명령을 잘 지키고, 그의 길을 따라

가며, 그를 경외하십시오. 주 당신들의 하나님이 당신들을 데리고 가시는 땅은 좋은 땅입니다. 골짜기와 산에서 지하수가 흐르고 샘물이 나고 시냇물이 흐르는 땅이며, 밀과 보리가 자라고 포도와 무화과와 석류가 나는 땅이며, 올리브 기름과 꿀이 생산되는 땅이며, 먹을 것이 모자라지 않고 아무것도 부족함이 없는 땅이며, 돌에서는 쇠를 얻고 산에서는 구리를 캐낼 수 있는 땅입니다.

이 말씀에 따르면 우리는 가난을 다스릴 권위가 있다. 믿지 않을지 모르지만 하나님은 능히 하나님의 백성에게 구조적 가난을 뿌리 뽑을 수 있는 계획을 주실 수 있다. 내가 정의하는 구조적 가난은 다음과 같다.

> 사회 전체에 뿌리내린 가난. 시민의 미시 세계관에서 국가의 거시 세계관(이를테면 문화, 경제 구조)까지 시민을 풍요롭게 하지 못하고 가난하게 만드는 사회 구조.

물론 이것은 중대한 일이다. 초자연적 힘이 필요하다. 교회가 이 일을 시작해야 한다. 교회와 거룩한 나라의 차원에서 볼 때 하나님의 경제 원칙은 무엇일까? "하나님 나라가 임하고 하나님의 뜻이 하늘에서 이루어진 것처럼 땅에서도 이루어지게 하소서" 하고 기도하는 것만으로는 부족하다. 우리는 행동해야 한다. 우리는 생각을 개혁해야 한다. 개혁을 선언해야 한다.

제8장의 주요 요점은 하나님의 집에 맞는 경제 제도를 정착시켜야 한다는 것이다. 우리는 가정과 나라를 위해 성경적 경제 철학을 정립해야 한다. 이것이 이 땅을 위임받은 청지기의 책무다!

가난한 사람들을 돌보고 가난의 저주를 끊어야 하는 중요한 이유는 이것이 예수님이 회당에서 하신 첫 설교의 주제이기 때문이다. 주님은 이사야 61장 1절을 읽으셨다.

주님께서 나에게 기름을 부으시니,
주 하나님의 영이 나에게 임하셨다.
주님께서 나를 보내셔서
가난한 사람들에게 기쁜 소식을 전하고

첫 단계로 각 교회는 교인들의 가난을 없앨 방법을 하나님께 구해야 한다. 교인 대다수가 공과금을 내지 못하고 가난의 저주에서 벗어나려고 힘쓰는 다른 교인들을 돕지도 못하는 교회를 상상해 보라!

우리는 가난의 저주에서 해방되었는지 생각해 보라.

1. 부패 행위를 했다면 회개하라. 거짓말, 체납, 탈세, 범법, 고리대금 등 숨기고 있는 죄가 없는지 깨닫게 해 달라고 성령님께 청하라. 신명기 28장에 기록된 저주 목록을 읽고 저주를 부르는 우상숭배나 다른 죄를 짓지 않았는지 정확하게 확인하라.

2. 예수님의 이름으로 가난의 저주를 끊으라.

3. 하나님의 자녀에게 허락된 경제적 약속에 관한 하나님의 말씀을 연구하면서 생각을 새롭게 하라.

4. 부, 번영, 사회의 머리가 되고 꼬리가 되지 말 것 등 아브라함의 복을 통해 그리스도인에게 약속된 권리를 받도록 기도하라(신 8, 28:1-14).

가난의 저주에서 해방된 사람은 신명기에 나타난 가난을 제거하는 하나님의 계획을 이해한다.

당신들이 주 당신들의 하나님의 말씀을 귀담아 듣고, 내가 오늘 당신들에게 명한 그 모든 명령을 주의 깊게 지키면, 주 당신들의 하나님이 당신들을 세상의 모든 민족 위에 뛰어나게 하실 것입니다. 당신들이 주 당신들의 하나님의 말씀에 순종하면, 이 모든 복이 당신들에게 찾아와서 당신들을 따를 것입니다.

당신들은 성읍에서도 복을 받고, 들에서도 복을 받을 것입니다.

당신들의 태가 복을 받아 자식을 많이 낳고, 땅이 복을 받아 열매를 풍성하게 내고, 집짐승이 복을 받아 번식할 것이니, 소도 많아지고 양도 새끼를 많이 낳을 것입니다.

당신들의 곡식 광주리도 반죽 그릇도 복을 받을 것입니다.

당신들은 들어와도 복을 받고, 나가도 복을 받을 것입니다.

당신들에게 대항하는 적들이 일어나도, 주님께서는 당신들이 보는 앞에서 그들을 치실 것이니, 그들이 한 길로 쳐들어왔다가, 일곱 길로 뿔뿔이 도망칠 것입니다.

주님께서 명하셔서, 당신들의 창고와 당신들의 손으로 하는 모든 일에 복이 넘치게 하실 것입니다. 그리하여 주 당신들의 하나님이 당신들에게 주시는 땅에서 당신들에게 복을 주실 것입니다.

당신들이 주 당신들의 하나님의 명령을 지키고 그 길로만 걸으면, 주님께서는 당신들에게 맹세하신 대로, 당신들을 자기의 거룩한 백성으로 삼으실 것입니다. 이 땅의 모든 백성이, 주님께서 당신들을 택하셔서 자기의 백성으로 삼으신 것을 보고, 당신들을 두려워할 것입니다. 주님께서는, 당신들에게 주시겠다고 당신들의 조상에게 약속하신 이 땅에서, 당신들 몸의 소생과 가축의 새끼와 땅의 소출이 풍성하도록 하여 주실 것입니다. 주님께서는, 그 풍성한 보물 창고 하늘을 여시고, 철을 따라서 당신들 밭에 비를 내려 주시고, 당신들이 하는 모든 일에 복을 주실 것입니다. 그러므로 당신들은 많은 민족에게 꾸어 주기는 하여도 꾸지는 않을 것입니다. 오늘 내가 당신들에게 명령하는 바, 당신들이 주 당신들의 하나님의 명령을 진심으로 지키면, 주님께서는 당신들을 머리가 되게 하고, 꼬리가 되게 하지 않으시며, 당신들을 오직 위에만 있게 하고, 아래에 있게 하지는 않으실 것입니다. 당신들은, 좌로든지 우로든지, 내가 오늘 당신들에게 명하는 이 모든 말씀을 벗어나지 말고, 다른 신들을 따라가서 섬기지 마십시오.

신명기 28장 1-14절

아울러 성경은 하나님의 모든 자녀, 아브라함의 후손에게 재물을 모을 힘이 있다고 약속한다!

> 그러나 주 당신들의 하나님이, 당신들의 조상에게 맹세하신 그 언약을 이루시려고 오늘 이렇게 재산을 모으도록 당신들에게 힘을 주셨음을, 당신들은 기억해야 합니다.
>
> 신명기 8장 18절

이 모든 것이 우리에게 어떤 의미가 있는가? 하나님이 우리에게 주신 계획대로 우리가 삶으로 순종하고 열방이 하나님께 순종하게 만들면 하나님은 우리에게 기업과 금융의 지혜를 주셔서 빈곤은 더 이상 일반적 일이 아니라 예외적 일이 될 것이다. 희소성의 경제학과는 정반대이다. 이것은 풍성함에 바탕을 둔다.

가난에 대해 생각해 본다. 어린 시절 우리는 아주 가난하지는 않았지만 매일 돈 걱정을 할 정도로 허덕였다. 나는 아무도 그러한 형편에 있기를 바라지 않는다. 세계 곳곳의 도시에서 보았던 노숙자들이 떠오른다. 나는 그들을 돕고 싶다. 그리스도의 몸인 교회는 그들을 도울 수 있는 방법을 가르쳐 달라고 하나님께 기도해야 한다. 우리는 가난한 사람을 인색한 마음으로 대하면 안 된다.

> 주 당신들의 하나님이 당신들에게 주시는 땅의 어느 한 성읍 가운데에 가난한 동족이 살고 있거든, 당신들은 그를 인색한 마음으로

대하지 마십시오. 그 가난한 동족에게 베풀지 않으려고 당신들의 손을 움켜 쥐지 마십시오. 반드시 당신들의 손을 그에게 펴서, 그가 필요한 만큼 넉넉하게 꾸어 주십시오.

신명기 15장 7-8절

같은 장에는 우리에게 빚을 지지 말라고 당부하는 말씀도 있다. 나는 그 말씀을 반복해서 읽으면서 오늘날 우리 사회에서 이 말씀을 어떻게 실현할 수 있을지 고민했다.

민족의 부패 척결

구조적 가난을 없애는 으뜸이자 기본이 되는 원칙은 교회와 나라에서 부패를 몰아내는 것이다. 다음이 가장 중요하다.

구조적 부패를 없애지 못하면 우리는 결코 구조적 가난을 없애지 못한다.

경제 제도를 회복하려면 교회뿐 아니라 개인도 도덕, 정직, 경건한 행동을 새롭게 회복해야 한다. 부패는 죄다. 마땅히 죄로 여겨야 한다. 그러나 우리가 앞에서 보았던 탈세한 목사들처럼 무의식으로 부패를 받아들이면 불의한 우리가 어떻게 하나님께 복을 받을 수 있겠는가?

이것이 문제의 핵심이다. 하나님의 집에서부터 심판해야 한다(벧전 4:17). 우리의 문제를 해결하지 못하면 민족의 문제도 해결하지 못한다. 성경은 여러 곳에서 경제 부패에 대해 명확하게 말한다. 사실 성경에는 타인의 소유물을 훔친 죄인이 지켜야 할 "배상법"이 있기에 부패는 매우 반성경적이다.

삭개오가 예수님께 재산의 절반을 가난한 사람에게 기부하고 남에게서 강제로 빼앗은 것은 네 배로 갚겠다고 말한 것을 기억하라(눅 19:8). 삭개오는 배상에 관한 법을 알았다.

정해진 법에 의하면 훔친 것에 20%를 더해서 배상해야 한다(레 5:16, 민 5:7). 삭개오는 자신의 잘못을 깊이 뉘우치고 법이 요구하는 것보다 훨씬 더 많이 배상했다.

예수님은 삭개오의 집에서 므나 비유로 제자들에게 청지기 정신에 대해 가르치실 때 삭개오의 이야기를 들어 "내가 올 때까지 이것으로 장사를 하여라"고 말씀하셨을 것이다(눅 19:1-27). 이 비유에서 성실한 종들은 도시를 다스리는 권세를 받았다. 그리스도의 몸에서 부패와 가난의 문제를 해결하지 못하는데 우리가 어떻게 도시를 개혁하겠는가?

부패는 기만적 통치를 낳고 탐욕은 재물을 쌓아 놓기만 한다. 부패한 리더는 돈과 권세와 영향력을 그릇되게 사용해서 시장의 거물이 될 수는 있어도 결코 사회를 개혁하지는 못한다. 그들은 자기 욕심만 채우고 조세 감면을 위해 베푸는 시늉만 할 뿐이다.

빈민 대출의 거룩한 지침

성경적 경제학에는 특히 가난한 사람이 고리대금의 희생자가 되지 않도록 부패를 막는 안전장치가 마련되어 있다. 고리대금은 "돈을 빌려줄 때 채무자에게 이자를 터무니없이 많이 받거나 불법으로 고리를 취하는 것이다."[11] 사실 그리스도인들은 돈을 빌려줄 때 이자를 많이 받아서는 안 될 뿐 아니라 가난한 믿음의 형제자매들에게는 이자를 아예 받아서는 안 된다!

> 너희가 너희 가운데서 가난하게 사는 나의 백성에게 돈을 꾸어 주었으면, 너희는 그에게 빚쟁이처럼 재촉해서도 안 되고, 이자를 받아도 안 된다.
>
> 출애굽기 22장 25절

게리 노스(Gary North)는 저서 《정직한 돈》(Honesty Money)에서 이 본문을 자세하게 설명한다. 그는 우리가 돈을 빌려주고 합당한 이자를 받으면 안 된다는 뜻은 아니라고 말한다. 사실 하나님의 복을 받는 민족은 다른 나라에 돈을 빌려주어도 꾸지는 않는다(신 28:12). 그러나 우리는 하나님의 가족 중에서 가난한 사람에게는 이자를 받으면 안 된다.[12]

당신들은 동족에게 꾸어 주었거든 이자는 받지 마십시오. 돈이든지 곡식이든지, 이자가 나올 수 있는 어떤 것이라도 이자를 받아서는 안 됩니다. 외국 사람에게는 꾸어 주고서 이자를 받아도 좋습니다. 그러나 동족에게서는 이자를 받지 못합니다. 그래야만 당신들이 들어가 차지할 땅에서 당신들이 하는 모든 일에, 주 당신들의 하나님이 복을 주실 것입니다.

신명기 23장 19-20절

출애굽기 말씀도 들어보자.

너희가 정녕 너희 이웃에게서 겉옷을 담보로 잡거든, 해가 지기 전에 그에게 돌려주어야 한다. 그가 덮을 것이라고는 오직 그것뿐이다. 몸을 가릴 것이라고는 그것밖에 없는데, 그가 무엇을 덮고 자겠느냐? 그가 나에게 부르짖으면 자애로운 나는 들어주지 않을 수 없다.

출애굽기 22장 26-27절

이 구절은 채권자와 채무자의 관행을 설명한다. 채무자는 같은 담

---

11. *The American Heritage Dictionary of the English Language*, 4th edition (Boston: Houghton Mifflin Company, 2006), s.v., "usury."
12. 게리 노스 박사는 저서 《Honest Money: Biblical Principle of Money and Banking》 (Arlington Heights, IL: Christian Library Press, 1986)에서 금융과 돈에 관해 흥미로운 의견을 냈다.

보로 돈을 다시 빌릴 수 없으며 아무런 조건 없이 돈을 갚아야 한다.[13]

하나님은 우리가 가난한 사람을 어떻게 대해야 할지 아주 구체적으로 말씀하신다. 소돔이 하나님의 심판을 받은 이유는 가난한 사람을 도와주지 않았기 때문이다.

> 네 동생 소돔의 죄악은 이러하다. 소돔과 그의 딸들은 교만하였다. 또 양식이 많아서 배부르고 한가하여 평안하게 살면서도, 가난하고 못 사는 사람들의 손을 붙잡아 주지 않았다.
>
> 에스겔 16장 49절

에스겔은 선지자로서 도시들이 부지중에 짓는 죄를 지적하고 시민들이 죄를 회개하게 지도할 책임이 있었다. 이 구절에서 주님은 소돔뿐 아니라 사마리아의 죄도 지적하시지만 예루살렘의 죄가 훨씬 더 악하다고 말씀하신다.

우리 도시는 정의로운가?

우리의 도시는 하나님의 다림줄과 얼마나 일치하는가? 구조적 가난을 없애려면 어떻게 해야 하는가? 성경은 가난한 사람들이 언제나 우리와 함께 있을 것이라고 기록하지만(막 14:7, 요 12:8) 가난한 사람들의 필요를 채우고 해법을 구하는 것은 우리의 책무다(신 15:7-11).

특히 십일조를 성실히 내는 독실하고 거듭난 그리스도인들이 노후 보장이나 실업 수당에 의지하게 해서는 안 된다! 교회는 교인의 가난을 타파할 계획을 세우고 실행해야 하기 때문이다! 사실 나는 하나님 나라가 임하면 국가의 복지 제도는 없어도 된다고 믿는다. 특히 그리스도인들은 나라의 복지 제도가 하나도 필요 없다! 교회가 모든 문제를 해결할 것이기 때문이다. 이 땅의 정부는 가난을 척결하는 일에 우리를 본으로 삼아야 할 것이다.

교회 안에서 구조적 가난을 없애는 방법을 찾는다는 것은 생각만 해도 어렵다. 그러나 하나님의 말씀은 명확하다. 우리는 모든 차원에서 저주를 끊을 수 있다. 힘을 모으면 개인이 할 수 없는 일도 해낼 수 있다.

우리의 종교는 순결한가?

과부와 고아를 돕는 것이 가장 중요하다. 이것이 그리스도께 순종하는 가장 순수한 모습이다.

> 하나님 아버지께서 보시기에 깨끗하고 흠이 없는 경건은, 고난을 겪고 있는 고아들과 과부들을 돌보아주며, 자기를 지켜서 세속에 물들지 않게 하는 것입니다.

---

13. 같은 책, 81.

창조주 하나님은 아이디어나 해법이 무궁하시고 하나님이 주신 재능으로 창세기의 저주를 뒤엎을 초자연적 지식을 갖춘 사람들도 많다. 하나님은 우리에게 기름을 부으시고 우리에게 "지구를 관리하는" 초자연적 해법을 주실 것이다.

하나님을 통해 마음을 새롭게 하고 경제학자로 부름을 받은 사람들이 이러한 일을 할 것이다. 하나님이 기름 부으신 사람은 하나님께 불가능한 일은 없다는 믿음으로 사물을 통찰한다. 어려움은 초자연적 방법으로 하나님의 권능이 드러날 기회일 뿐이다.

내가 지도하는 여성 리더들은 사탄의 공격과 어려운 상황을 보는 관점이 세계관에 달렸다는 것을 안다. 어느 날 그들에게 말했다. "어떤 사람들은 뱀을 뱀으로 보지만 우리는 핸드백이나 구두로 봅니다!" 이것이 관점의 힘이다! 이스라엘 대통령 시몬 페레스(Shimon Peres)는 이런 말을 했다. "올해 이스라엘이 두뇌로 이룩할 것은 사우디가 기름으로 이룩한 것보다 훨씬 더 많을 것이다."[14]

우리는 마음과 목숨을 다할 뿐 아니라 뜻을 다해서 하나님을 사랑해야 한다!(마 22:37). 우리는 그리스도를 통해서 초자연적 생각을 할 수 있다. 그렇기 때문에 우리는 매일 하나님의 말씀을 공부해서 마음과 뜻을 새롭게 해야 한다. 하나님의 말씀은 살아 있고 힘이 있다!(히 4:12).

하나님은 지금도 요셉과 같은 지도자를 세우셔서 하늘의 영감이 넘치는 경제 계획을 부어주신다. 요셉과 같이 재능 있는 기업가들은 사회와 교회에서 가난을 없앨 계획을 하나님께 받을 수 있다. 그들은 하나님이 주신 사명을 깨닫고 마음을 다해 하나님을 좇아야 한다. 이 중요한 주제에 대해 하나님은 당신에게 뭐라고 말씀하시는가?

하나님의 은행

척 립카(Chuck Ripka)는 요셉의 은사를 받은 금융계의 선지자로서 내가 신뢰하는 친구다. 척은 친구들과 함께 리버시티은행을 설립했다. 나는 이 은행을 "하나님의 은행"이라고 부른다. 이 은행은 여느 은행과 다르다. 경건한 원칙으로 운영된다. 아픈 은행 직원을 위해 기도하며 첫 해에 여러 사람이 구원을 받았다. 아홉 달 뒤에 그들은 일 년이 안 된 은행의 수신고가 어느 정도인지 알아보았다. 1,600만 달러 정도였다. 하나님이 이 은행에 복을 많이 주셔서 이 은행의 수신고는 4,000만 달러였다! 주님이 주시는 복은 풍성하고 걱정이 따르지 않는다!(잠 10:22). 척의 저서 《생각을 뒤집는 하나님》(God Out of the Box)에는 하나님의 인도로 척이 하나님 나라를 앞당긴 이야기와 유력한 리더들에게 예언한 이야기가 가득하다.

---

14. "Souls at War," 〈Newsweek〉, November 20, 1995, 59, quoted in Miller, *Discipling Nations*, 115 (see ch. 4, n. 1). 《생각은 결과를 낳는다》

이것은 감격스러운 이야기다. 성경적 경제학의 다음 단계는 세계 곳곳에 하나님의 뜻이 땅에서 이루어지게 할 거룩한 나라와 하나님의 은행을 세우는 것이라고 나는 믿는다. 우선 성경적 경제학을 확립하지 않고 하나님의 은행을 세우지 못하면 모든 민족에 하나님 나라가 임하지 못할 것이다.

하나님의 은행은 어떤 은행인가? 하나님 나라를 실현하고 하늘에서 이루어진 하나님의 뜻이 땅에서도 이루어지게 할 예수 그리스도의 제자들이 조직하고 운영하는 국제적 금융 기관이다. 이러한 작은 생각이 모여야 정치와 금융으로 영향력을 크게 발휘하여 모든 민족을 치유할 수 있다.

나는 우리가 이러한 일을 하지 못해서 슬프다. 무슬림들은 우리보다 생각이 앞서 있다. 그들은 이미 이슬람법으로 운영되는 은행들을 설립했고 무이자로 돈을 빌려준다. 최근에 영국에 갔을 때 누군가가 내게 2007년 4월 23일 월요일자 〈파이낸셜 타임즈〉를 보여주었다. "영국, 서구에서 처음으로 이슬람 채권 발행"이 머리기사였다. 내용은 다음과 같다.

> 이것은 전례가 없는 조치다. 파키스탄과 말레이시아 정부와 여러 기업들이 이슬람법에 따르는 채권을 발행한 적은 있어도 서구 국가가 발행한 적은 없었다.

이어서 금융도시 런던은 런던의 무슬림을 지원할 책임이 있다고 말했다. 이것은 이슬람이 영국과 영국의 금융계를 지배하기 위한 첫 발걸음이었다.

나는 이 기사에서 전 세계 이슬람의 총 금융자산이 개인의 주식과 채권을 포함해서 1억 2,470만 파운드가 넘는다는 것을 알고는 크게 놀랐다. 거의 2,300억 원이 넘는 액수이다!

"거룩한 나라로서 하나님 나라의 금융 체계를 갖춘 기독교의 금융 자산은 얼마나 될까?" 하나도 없다. 내가 알기로 그러한 체계는 전무하다. 죄인의 재산은 의인에게 주려고 쌓은 것이라고 주장만 할 뿐 (잠 13:22) 우리는 무슬림들의 국제적 사고를 따라가지 못하고 있다.

안타까운 마음에 눈물이 앞을 가린다. 그러나 국제적 안목을 지니고 고정관념에서 벗어나 국제 금융계의 지각을 바꾸려는 금융전문가들이 있다. 주인이 불의한 청지기를 칭찬하는 누가복음 16장 8절 말씀이 생각나지 않는가?

> 이 세상의 자녀들이 자기네끼리 거래하는 데는 빛의 자녀들보다 더 슬기롭다.

오늘의 요셉과 다니엘

하나님이 금융전문가로 부르신 새로운 요셉의 세대가 하나님이 정치가로 부르신 새로운 다니엘의 세대를 만나 세상을 개혁할 것이다.[15]

구조적 가난을 없애라는 소명을 진지하게 받아들이려면 가장 높으신 하나님께 모든 지식과 지혜가 있으며 그분의 자원은 무궁하다는 것을 이해해야 한다. 새로운 날을 여는 새로운 기도를 하지 않으면 우리는 생각을 바꿀 수 없고 부를 모을 수 없고 하나님의 뜻을 실현할 수 없다. 우리 세대를 변화시킬 하나님의 기도전략이 무엇인지 개혁의 중보기도자가 되는 방법이 무엇인지 탐구할 때가 왔다.

---

15. 나는 이 장에서 세계 금융권에서 벌어지는 모든 지구적, 정치적 문제를 깊이 다룰 생각이 없지만 미국연방 준비은행과 같은 금융제도에 관한 흥미로운 사실들이 몇 가지 있다. 이것만 말해 둔다. 이것은 연방은행이 아니라 중앙은행이고 예비비가 전혀 아니다. 이 주제에 관심이 있는 독자의 흥미를 돋울 만한, 연방 준비제도에 관한 책들은 많이 있다. 예를 들면 G. Edward Griffin의 《The Creature from Jekyll Island》(Westlake Village, CA: American Media, 1994)이다.

제 9 장

개혁의 중보기도: 하늘의 입법

실내에는 열광적인 기운이 감돌았다. 헌신된 리더들이 "미국의 변화"를 위해서 워싱턴 DC에 모였다. 주님은 우리에게 기도의 법정에 모여서 미국을 위해 탄원하라고 말씀하셨다.

그날 우리 부부는 대법원을 찾았다. 건물 앞에 안내문이 있었다.

개정 중입니다. 옆문으로 출입하십시오.

그날 재판이 열리고 있었다는 사실은 의미가 깊었다. 그날 저녁 우리가 급진적 기도를 할 예정이었기 때문이다. 우리의 기도가 미국의 불의한 흐름을 뒤집기 시작할 것이라고 믿었다. 그날은 2006년 6월 22일이었다.

우리가 모르고 있을 때조차 성령님은 우리의 삶을 인도하신다. 영적인 세계를 가리고 있는 베일이 걷히면 주님의 천사들이 우리의 행동을 통제하는 모습을 볼 수 있을지 나는 때때로 궁금하다. 나는 그것을 볼 수 있다고 생각한다. 그 생각을 하면 크게 위로가 된다.

그 전날 대법원을 방문했을 때 나는 선물가게에 들러 '미국 대법원'이라고 새겨진 의사봉과 받침대를 샀다. 처음에는 '기념품으로 아주 괜찮네!'라고 생각했다. 그러나 이튿날 그것이 단순한 기념품이 아님을 알았다. 하나님은 그것을 미국에 대한 하나님의 법적 권위를 상징하는 물건으로 사용하기를 바라셨다. 우리는 하나님의 뜻을 이 땅의 법으로 세우려고 하늘의 법정에 모인 것이다. 나는 그 법정에서 이 의사봉을 사용할 생각이었다.

그날 밤 모임이 시작되자 나는 우주의 재판장이신 하나님께 미국의 불의한 법을 바꾸어 달라고 탄원하고 싶었다. 나는 그 의사봉을 꺼내어 받침대를 탁탁 쳤다. 모든 시선이 내게 고정되었다. 나는 하나님의 비전을 선포했다. 만군의 주님의 군대장관이 불병거를 탄 천사들을 거느리고 워싱턴 DC로 진격할 준비를 하고 있었다. 그들은 도시 주위를 돌며 하나님의 의로운 길을 만들고 있었다(물리적 환경에서도 전쟁이 벌어졌다. 에어컨이 고장 나는 바람에 기도하고 예배하던 우리는 땀에 절었다).

예배하는 시간에 나는 무대에 올라가 예언했다. "주님이 말씀하십니다. 내가 워싱턴 DC를 깨끗이 씻겠다!" 이 '미국의 변화'와 우리의 기도 제목은 대회 첫날 밤부터 예언으로 시작되었다. 강사는 더치

쉬츠와 척 피어스였다. 더치는 예언자 샘 브래스필드가 자신이 워싱턴 DC로 간 것을 모르고 집으로 전화해서 자기를 찾았다고 말했다. 그는 나중에 더치와 통화하면서 "하나님이 '내가 워싱턴을 깨끗이 씻겠다'라고 말씀하셨다"라는 말을 들었다고 전했다. 그는 내가 똑같이 말하는 것을 듣고 그 말의 의미를 깨달았다고 말했다! 우리가 성령님의 인도로 예언할 때 척은 워싱턴 DC에 홍수가 날 것이라고 마무리 예언을 했다.

우리는 루 잉글(Lou Engle)과 함께 부흥(The Call) 운동을 이끄는 토마스에게 낙태를 인정하는 것과 같은 불의한 법과 싸울 불병거를 보내 달라는 기도를 부탁했다. 토마스는 낙태에 관한 통계를 꿰고 있었고 굉장히 권위가 있는 기도를 했다.

그날 밤 집회가 끝난 뒤 미국 수도의 밤하늘은 폭탄이 터지는 바그다드와 같았다. 천둥과 번개가 하늘을 흔들더니 비가 내렸다. 주말에는 비가 더 많이 내렸고 보이지 않는 영적 세계에서 천군천사들이 어둠의 세력과 싸우는 모습이 하늘에 나타나는 것처럼 보였다. 하늘에서는 전쟁이 일어났던 것이다!

2006년 6월 26일 월요일 뉴스 방송은 미국의 변화 대회에서 예언자들이 예언한 일이 실제로 일어났다고 보도했다. 폭우로 도시 일부가 침수되었고 외곽순환도로는 1.5미터 넘게 흙이 쌓여 1.5킬로미터 정도 길이 끊겼다. 우리는 이것을 미국의 수도에서 부패가 폭로되고 이사야 35장에 근거한 '거룩한 길' 운동이 정치계에 자리를 잡을 징조라고 생각했다.

이것이 전부가 아니다. 법무부와 국세청과 헌법가(Constitution Avenue)도 침수되었다. 물이 범람하는 바람에 물고기가 거리에서 펄떡였다!

우리는 프리메이슨 피에르 찰스 랑팡(Pierre Charles L'Enfant)이 워싱턴 DC를 세운 것에 대해서도 기도했다. 랑팡역은 감전 위험 때문에 폐쇄되었다.

우리가 기도한 뒤에 마지막으로 의미 있는 징조가 나타났다. 나는 기도 시간에 하나님이 거목을 흔들어 뿌리째 뽑으시는 모습을 보았다고 계속 선포했다. 백악관 정원에 있는 커다란 느릅나무 두 그루 가운데 하나가 폭풍이 부는 날 뿌리째 뽑혀서 날아갔다(20달러 지폐 뒷면에 그려진, 백악관 주위에 있는 두 나무다). 우리는 이것도 감춰진 부패가 드러나는 징조라고 생각했다.

하나님 나라의 임재

이 장의 제목이 이상하다고 생각하는 독자들을 위해 하늘의 입법이 무엇인지 설명하려고 한다.

하나님은 우주의 최고 통치자시다. 그분은 법을 주셨고 법이 준수되기를 바라신다. 따라서 우리는 자신에게 중요한 물음을 던져야 한다. "왜 하나님의 뜻이 땅에서 이루어지지 않는가?" "하나님의 뜻이 땅(또는 가정이나 도시, 나라)에서 이루어지려면 내가 무엇을 해야 하는가?"

우리는 하나님의 법을 이 땅에 실현할 소명이 있다. 이것을 물리적 억압으로 실현할 수는 없다. 사람들의 마음이 주님께 향하고 성경의 법을 지키려는 마음이 생기게 기도해야 한다. 법률 제정은 기도로 하늘에서 시작되고 권위자들의 마음이 변화될 때 이 땅에 실현된다. 하나님의 자녀들은 하나님의 뜻을 집행하는 사람들이다. 나는 이 점을 《대적의 문을 취하라》에서 설명했다.

> 우리는 하나님의 말씀을 가지고 하나님의 이름으로 하나님의 뜻을 기도하며 오늘날 이 땅에서 하나님의 뜻을 집행한다. 인간은 부활하신 승리자 예수 그리스도의 이름으로 하나님이 에덴에서 주신 명령을 성취할 수 있으나 동시에 하나님의 뜻을 분별하고 기도해야 한다. 우리는 사탄을 굴복시키고 왕이신 예수님의 이름으로 기도하여 하늘에서 이루어진 하나님의 뜻을 이 땅에 실현한다. 우리가 중보기도를 하면 하나님의 대사가 되고 우주를 지으신 전능하고 놀라우신 하나님을 대표하여 전권을 위임받는다.[1]

하나님의 뜻을 이 땅에 실현할 우리 책무는 에덴동산에서 시작되었다. 우리가 '지구의 청지기'라는 전제로 돌아가려면 우리는 "생육하고 번성하여 땅에 충만하여라. 땅을 정복하여라.… 다스려라"(창

---

1. Cindy Jacobs, *Possessing the Gates of the Enemy* (Grand Rapids, MI: Chosen Books, 1991, 1994), 56. 《대적의 문을 취하라》(죠이선교회 펴냄).

1:28)라는 창세기의 위임에서 중보기도자의 책임을 발견해야 한다. 우리는 보이는 세계뿐 아니라 보이지 않는 세계도 다스려야 한다. 바꾸어 말하면 자연세계에 영향을 주는 영적 세계를 다스릴 권한이 우리에게 있다. 미국에는 "눈에 보이는 것이 전부가 아니다"라는 말이 있다. 눈에 보이지 않는 일이 더 있다는 의미다.

이것과 관련된 중요한 영적 원리가 있다.

> 하나님이 창조하신 세계를 다스리려면 하나님의 뜻을 하늘에서처럼 이 땅에도 실현할 목표와 전략을 세우고 중보기도를 해야 한다.

인본주의, 가난, 낙태 등에 대한 생각에 영향을 주는 이념 구조 뒤에 숨은 마귀의 권세를 중보기도로 부숴야 한다.

아담과 하와의 타락으로 일어난 결과들을 기도로 회복시켜야 한다. 창조세계를 온전히 다스리려면 우리는 눈에 보이는 것뿐 아니라 견고한 진이라고 부르는 하늘의 초자연적 거점을 파괴하여 하나님의 뜻이 이 땅에서 이루어지게 해야 한다. 에베소서 6장 12절은 이 점을 명확하게 말한다.

> 우리의 싸움은 인간을 적대자로 상대하는 것이 아니라, 통치자들과 권세자들과 이 어두운 세계의 지배자들과 하늘에 있는 악한 영들을 상대로 하는 것입니다.

나는 이러한 중보기도를 하늘의 입법이라고 부른다. 미국에서 국회가 열리거나 영국이나 호주 등에서 의회가 열리면 법률을 제정한다. 하늘의 입법은 중보기도를 통해 하나님의 법이 민족의 법이 되도록 포고하는 것이다. 아울러 우리는 사회와 삶의 모든 영역에서 하나님의 뜻이 나타나도록 선포해야 한다.

우리는 다니엘 7장 26-27절에서 하늘의 법정을 엿본다.

> 그러나 심판이 내려서, 그는 권세를 빼앗기고,
> 멸망하여 없어질 것이다.
> 나라와 권세와 온 천하 열국의 위력이
> 가장 높으신 분의 거룩한 백성에게로 돌아갈 것이다.
> 그의 나라는 영원한 나라다.
> 권세를 가진 모든 통치자가 그를 섬기며 복종할 것이다.

우리는 어린 양 예수님의 중보기도자로서 하나님 나라의 '변호사'이며 하나님의 백성을 보호하고 영적 세계의 적들(원수와 그 추종자들)을 고발할 책임이 있다. 우리가 만유의 대법관 앞으로 나아갈 때마다 대변호사가 우리 곁에 서서 대법관에게 공식적으로 우리를 소개하고 우리에게 위임한 법적 자격을 하나씩 열거하신다. 구원받은 백성의 대중보기도자이자 대변호사가 파견한 변호사로서 우리는 "법정에서 변론한다."[2]

중보기도를 할 때 우리는 하나님의 보좌 앞에서 성경적 법률 사건을 진술해야 한다. 우리가 진술하는 동안 성령님은 그 사건에 개입하시고 하나님의 정의를 바로 세우신다. 게다가 정의가 회복되었기 때문에 민족은 하나님의 복을 받는다.

그래서 개혁의 중보기도가 중요하다. 개혁자가 되려면 이 땅의 구조뿐 아니라 하늘의 구조도 바꾸어야 한다. 천지가 모두 하나님의 창조물이기 때문이다! 주권 곧 하늘의 영토는 사회의 모든 악한 영향력을 다스린다. 우리는 중보기도로 이것을 파괴해야 한다.

주권(dominion)은 왕국과 비슷한 말이다. 마태복음 6장 10절 말씀을 다르게 표현해 보면 우리에게 중보기도자의 사명이 있음을 다시 알게 된다.

> 그 주권을 하늘에서 이루심 같이 땅에서도 이루어 주십시오.

캐나다(Dominion of Canada)처럼 국명에 이 단어를 포함시키는 나라들이 있다. 시편 72편 8절은 미국 건국의 토대가 된 구절이다.

> 왕이 이 바다에서 저 바다에 이르기까지, 이 강에서 저 땅 맨 끝에 이르기까지, 모두 다스리게(have dominion) 해주십시오.

주권이라는 용어는 신학에서 남용하는 바람에 좋지 못한 인상을 남겼다. 그러나 우리는 이 좋은 성경 용어를 되살려야 한다.

성경에는 우리가 하나님의 뜻 곧 주권을 세우고 어둠의 권세를 다스려야 하는 정당한 이유가 있다. 우리는 성경에 기록된 하나님의 율법과 약속을 하나님께 아뢰고 어둠의 권세와 싸워 이겨야 한다. 하나님은 약속을 잊지 않으신다. 다만 하나님은 우리가 믿음을 가지고 하나님을 대표하는 변호사로서 행동하는지 보고 싶어 하신다. 하나님은 우리에게 주신 권위를 빼앗지 않으신다. 우리가 하나님께 언약을 이루시고 율법을 집행하시기를 청하면 하나님은 약속대로 역사하신다. 성경에는 이 개혁의 중보기도에 관해 기록한 본문이 많다. 골로새서 1장 16절을 보자.

> 만물이 그분 안에서 창조되었습니다. 하늘에 있는 것들과 땅에 있는 것들, 보이는 것들과 보이지 않는 것들, 왕권이나 주권이나 권력이나 권세나 할 것 없이, 모든 것이 그분으로 말미암아 창조되었고, 그분을 위하여 창조되었습니다.

하나님은 하늘과 땅의 보이는 것들과 보이지 않는 것들에 법을 주셨다. 그래서 사탄은 자신의 왕국을 세우려 할 때 하나님의 계획을 모방할 수밖에 없었다. 에베소서 1장 20-23절도 사탄의 모방 체계를 다스릴 하늘의 권위를 보여준다.

> 하나님께서는 이 능력을 그리스도 안에 발휘하셔서, 그분을 죽은

---

2. James Goll, *The Lost Art of Intercession* (Shippensburg, PA: Destiny Image, 2007), 61.

사람들 가운데서 살리시고, 하늘에서 자기의 오른쪽에 앉히셔서, 모든 정권과 권세와 능력과 주권 위에, 그리고 이 세상뿐만 아니라 오는 세상에서 일컬을 모든 이름 위에 뛰어나게 하셨습니다. 하나님께서는 만물을 그리스도의 발 아래 굴복시키시고, 그분을 만물 위에 교회의 머리로 삼으셨습니다. 교회는 그리스도의 몸이요, 만물 안에서 만물을 충만케 하시는 분의 충만함입니다.

간단히 말하면 우리는 사회의 각 영역에서 민족을 사로잡고 있는 어둠의 권세를 무너뜨리고 하나님의 법에 따라 하나님 나라를 세워야 한다.

다니엘은 환상을 통해 보이지 않는 세계를 보았다.

> 내가 바라보니, 옥좌들이 놓이고, 한 옥좌에 옛적부터 계신 분이 앉으셨는데.[3]
>
> 다니엘 7장 9절

한 나라에 두 왕이 있을 수 없다. 하나님이 다스리시든지 사탄이 지배하든지 둘 중 하나다. 우리가 나서든가 예수님이 재림하셔서 사탄과 부하들을 불못에 던져 넣으실 때까지 권위를 두고 다투는 싸움은 계속될 것이다. 우리는 하나님 나라가 모든 민족을 다스리도록 기도해야 한다. 물론 예수님이 재림하셔야 사탄의 공격에서 완전히 해방될 것이다. 각 세대는 자기 세대를 보살피고 기도해야 한다.

누군가는 "이것은 결코 쉬운 일이 아니다! 내가 혼자서 어떻게 이 일을 해낼 수 있겠는가? 무섭거나 위험한 일은 아닌가?" 하고 물을 것이다. 그렇지 않다. 다만 우리는 성경이 가르치는 명확한 절차와 방법을 배워야 하고 용기를 내야 한다.

모든 기도가 중요하다

이 일의 규모에 위축되어 스스로 할 수 있는 일이 없다고 생각하는가? 우리는 문화와 사회에서 중요하고 전략적인 위치에 있다. 기도하는 사람들과 그들의 기도는 매우 중요하다. 우리에게는 우리만이 할 수 있는 일이 있다. 우리는 그 일이 무엇인지 찾아서 행동에 옮기기만 하면 된다. 맡은 일을 성실히 해낼 사람들을 하나님은 세우실 것이고 이 일은 완성될 것이다.

어떤 사람들은 "왜 내가 나서야 하는가? 하나님이 직접 하시면 안 되는가? 악을 물리치는 것은 내가 할 일이 아니라 하나님이 하실 일이 아닌가?" 하고 물을 것이다.

법을 집행할 우리의 책무를 기억하라. 주님은 하나님의 뜻을 이 땅의 법으로 세우는 일을 우리에게 맡기셨다. 주님은 우리에게 매고 푸는 권위와 무기를 주셨다.

---

3. 4, 5세기의 위 디오니시우스(Pseudo-Dionysius)와 같은 중세시대 신학자들은 다니엘 7장 9절 본문에 나오는 옥좌들이 에스겔 1장 15-21절에 기록된 생물들이라고 생각했다. 이 천상의 생물들은 위력이 대단했고 민족들을 다스리는 권위가 있었을지도 모른다.

내가 진정으로 너희에게 말한다. 무엇이든지, 너희가 땅에서 매는 것은 하늘에서도 매일 것이요, 땅에서 푸는 것은 하늘에서도 풀릴 것이다. 내가 [진정으로] 거듭 너희에게 말한다. 땅에서 너희 가운데 두 사람이 합심하여 무슨 일이든지 구하면, 하늘에 계신 내 아버지께서 그들에게 이루어 주실 것이다.

마태복음 18장 18-19절

예수님이 계시던 당시 매는 것(deo, 그리스어로 묶다)과 푸는 것(luo)은 법률 용어였다. 법원에서 판결을 내릴 때 "…을 맨다(금지한다)" 또는 "…을 이스라엘에서 푼다(허용한다)"라고 말했다. 그들은 이 용어로 이스라엘에서 합법과 불법을, 금지할 것과 허용할 것을 결정했다.[4]

예수님은 "나에게 매거나 풀어 달라고 구하라"라고 말씀하지 않으셨다. 주님은 "무엇이든지 너희가 [내 이름으로] 땅에서 매고 푸는 것은 그대로 될 것이다"라고 말씀하셨다. 주님의 이름으로 우리가 그 일을 해야 한다고 주님은 말씀하셨다. 따라서 우리가 우리의 자리에서 중보기도로 권위를 찾지 않으면 불의한 법이 우리 자리를 대신 차지할 것이다.

우리는 기도하고 행동해야 한다. 입법자들의 눈을 어둡게 하는 어둠의 권세를 매고 사회의 모든 영역에서 죄를 고발해야 한다.

예수님은 말씀하셨다. 우리가 무엇이든지 기도로 풀면(허락하면) 합법이 되고 무엇이든지 중보기도로 매면(불법이라고 선포하면) 불법이 될 것이다. 우리는 이 약속을 바탕으로 중보기도를 통해 '하늘의 법정에 출두할' 수 있고 나라의 법을 하늘에 입법할 수 있다. 더치 쉬츠는 이것을 저서 《하늘과 땅을 움직이는 중보기도》에서 적절히 요약했다.

> 예수님이 사탄의 권세를 파하는 일과 인류를 사로잡은 법적 권리를 무효로 만드는 일을 완수하셨지만 이 땅의 누군가는 승리하신 주님을 대표해 그 일을 집행해야 한다.[5]

하나님의 기도 전략을 배우다

우리는 무엇을 매고 무엇을 풀어야 하는가? 성경은 하나님의 뜻을 계시한다. 성경을 공부하면 하나님의 뜻에 어긋나는 것이 무엇인지 알게 되고 하나님의 뜻을 '입법'하는 기도 전략을 세우거나 세상을 하나님의 뜻으로 고칠 수 있다.

전쟁에 나서는 장수는 계획을 세운다. 계획을 세우려면 싸울 곳의 지세와 적군의 무기를 파악하고 적장의 생각을 읽어야 한다. 이를 위해 장수는 정보를 수집한다.

민족들을 삼키려고 사탄이 세운 전략에 맞서는 영적 싸움도 마찬

---

4. 이 주제에 관해 더 알고 싶다면 내가 쓴 《대적의 문을 취하라》를 참고하라.
5. Dutch Sheets, *Intercessory Prayer: How God Can Use Your Prayers to Move Heaven and Earth* (Ventura, CA: Regal Books, 1996), 57. 《하늘과 땅을 움직이는 중보기도》(베다니출판사 펴냄).

가지다. 우리는 영적 정보를 수집하고 기도 전략을 세워야 한다. 훌륭한 시리즈물 〈변혁〉을 제작한 내 친구 조지 오티스 2세는 이러한 계획을 영성 도해라고 이름을 지었다. 영성 도해는 영적 세계에서 벌어지는 일을 살펴서 효과적으로 기도할 수 있게 도와준다.[6]

우리는 민족의 견고한 진이나 불법의 터를 찾아서 사회의 모든 영역에서 하나님의 법을 세우는 중보기도 계획을 짜야 한다. 우리는 너무 오랫동안 사탄의 속셈을 모른 척했다(고후 2:11).

사회의 특정 영역에서 영성 도해나 기도 전략을 세우는 방법은 없을까? 몇 가지 질문으로 시작한다.

1. 누가 이 도시를 세웠는가?
2. 그들은 무엇을 믿었는가?
3. 그들의 신념은 성경적이었는가?
4. 그들의 행동은 사회에 어떤 영향을 끼쳤는가?
5. 그들이 정의로운 진리로 도시를 세웠다면 언제 변질되었고 누가 변질시켰는가?
6. 이것이 사회의 사상에 어떤 영향을 끼쳤는가?
7. 사회의 가치는 무엇이고 교육과 미디어는 무엇을 가르치고 있는가?
8. 잘못된 사상, 법, 행위로 어떤 견고한 진이 생겼는가?

하늘의 입법이 다급하게 필요한 세 가지 영역을 예로 든다. 이 세

분야는 민족과 문화에 영향을 크게 준다. 각 영역은 사람의 생각을 형성하고 민족의 세계관과 정신을 새롭게 하는 열쇠이다.

교육

교육의 영역에서 앞의 여덟 가지 질문에 답해 보았다. 교육은 민족을 가르치는 일이다. 내가 각 질문에 답한 내용은 다음과 같다.

1. 도시를 세운 사람들은 독실한 그리스도인들로 《뉴잉글랜드 초급 독본》과 같은 의로운 책으로 자녀를 가르쳤다.
2. 그들은 성경을 토대로 자녀에게 가르쳐야 한다고 믿었다.
3. 그들의 신념은 성경적이었다.
4. 그들의 교육 방법이 지속되는 동안 민족과 자녀들은 번영했다.
5. 1933년 '인본주의자 선언'과 '현대 미국 교육의 아버지'인 존 듀이의 교육 철학으로 교육은 눈에 띄게 하나님에게서 멀어졌다.
6. 인본주의 교리가 사회의 모든 영역에 영향을 끼쳤다.
7. 교사는 대개 상황윤리를 가르쳤고 이 비윤리적 교육은 사회의 도덕을 무너뜨렸다.
8. 인본주의의 견고한 진(인본주의는 우주가 창조된 것이 아니라 자존한다고

---

6. 조지 오티스 2세(George Otis Jr.)의 저작은 The Sentinel Group에 문의하면 얻을 수 있다. 저서 《Informed Intercession: Transforming Your Community Through Spiritual Mapping and Strategic Prayer》(Ventura, CA: Renew, 1999)는 지역을 영적으로 도해하는 방법을 밝히는 뛰어난 매뉴얼이다.

믿는다)은 영화, TV, 미술, 과학, 건축을 비롯해 대학의 모든 인문 교육에 자리를 잡았다.

우리의 교육 제도에 뿌리내린 인본주의의 견고한 진을 '파괴할' 수 있는 방법은 없는가?[7]

1. 아는 것이 힘이다. 당신이 사는 지역의 모든 학교에서 학생들에게 무엇을 가르치는지 살핀다.
2. 교사 명단을 확보하고 학교의 교육 철학과 커리큘럼을 파악한다.
3. 도서관을 방문해서 어떤 책들이 있는지 알아본다.
4. 관심 있는 그리스도인 학생들을 만나서 기도회를 조직하게 돕는다. 학교 일에 관심을 가지고 기도한다. 기도의 동역자를 보내 달라고 하나님께 간구한다.
5. 다니엘처럼 당신 자녀가 공부하는 학교나 당신의 세금으로 운영하는 공립학교의 죄를 회개한다(단 9:8-15).
6. 금식한다.[8]
7. '제1-3차 인본주의자 선언'의 요점을 기록하고 학교에 뿌리내린 이 전략을 뒤집어 달라고 하나님께 기도한다. 세 가지 예를 든다.
- 진화론 교육
- 하나님은 기도를 듣지 않는다고 생각하는 믿음
- 음란한 성관계를 허용하는 것
8. 끝으로 학생들에게 강한 부흥을 달라고 하나님께 금식하고 기도

한다.

이것이 전부가 아니다. 기도할 때 주님의 인도를 구하면 주님은 더욱 구체적인 부분을 알려주실 것이다.

건축

애리조나 주 피닉스의 어느 교회에서 '인본주의자 선언'과 이 선언이 학교에 끼친 영적인 악영향을 강의한 적이 있다. 그때 나는 음악과 건축 등 다양한 전공의 졸업생들이 모교로 돌아가 캠퍼스의 부흥을 위해 기도하면 좋겠다는 생각이 들었다. 그들이 학교에서 기도로 하나님의 법을 세우면 학생들이 성경의 진리를 배우고 싶어 할 뿐 아니라 진리를 갈망하고 찾게 될 것이다.

애리조나 주에서 어린 시절을 보낸 나는 유명한 건축가 프랭크 로이드 라이트(Frank Lloyd Wright)가 같은 지역에서 살았다는 것을 기억했다. 그의 삶을 조사해 보니 그는 프리섹스주의자였고 자신이 '사회 관습보다 우월하다'고 생각했다. 그는 부인을 두고 바람을 피웠고 매년 학생 30여 명을 데리고 애리조나의 스콧데일과 위스콘신을 다녔다.

---

7. 이런 기도를 할 때는 자신이 알고 있는 죄를 미리 모두 회개해야 한다. 고백하지 못한 죄가 있다면 이런 기도를 하지 않는 것이 좋다. 영적 공격에 노출되기 때문이다. 더 자세한 내용은 내가 쓴 《대적의 문을 취하라》 3장 '정결한 영의 원칙'을 참고하라.

8. 《대적의 문을 취하라》에는 금식에 관한 참고문헌 21권이 수록되어 있다.

"떡잎은 뿌리에서 자란다"는 말이 있다. 삶에 뿌리내린 것은 특정한 영역에서 나타나게 마련이다. 라이트의 불경건한 뿌리는 건축학에 영향을 끼쳤다. '불경건한' 부분은 회개해야 한다. 그래야 아름다운 건물의 설계를 가르치는 교육이 살아난다.

성경에서 니므롯은 불의하게 도시를 세운 건축가다. 이스라엘은 니므롯의 불의를 회개해야 했다. 우리도 과거의 죄를 회개하고 오늘날 건축학에 하나님의 정의가 흘러가도록 기도해야 한다.

엔터테인먼트 산업

엔터테인먼트 산업은 반드시 선하게든지 악하게든지 사람의 생각에 큰 영향을 끼친다. 미디어는 세계 문화에 영향을 주는 가장 중요한 분야다. 할리우드개혁그룹(Hollywood Transformation Group)과 같은 단체들은 할리우드를 위해서 기도를 많이 한다. 나도 할리우드의 주요 영화사의 기도모임에 직접 관여했다.

동성애 사회는 할리우드에 침투하려고 체계적인 계획을 세웠다. '동성애 선언'의 일부를 인용한다.[9]

> 우리는 남자들의 사랑에 관한 시를 써야 한다. 남자와 남자가 공개적으로 애무하는 연극을 무대에 올려야 한다. 오늘날 스크린을 지배하는 감상적이고 피상적이며 진부하고 유치한 싸구려 이성애의 사랑을 밀어내고 영웅적 남성들의 사랑을 보여주는 영화를 제작해야 한다.

게다가 이 선언은 동성애 활동을 금지하는 모든 법이 폐지될 것이라고 말한다. 동성애 작가와 예술가들은 남성들의 사랑을 유행시키려고 작정했다. 그들은 유행을 만드는 일에 뛰어나기 때문에 그들의 계획은 성공할 공산이 크다. 이 선언은 가족 집단이 사라질 것이라고도 말한다.

오늘날 모든 영화와 연극에는 재기 발랄한 이미지의 동성애자가 적어도 한 명 이상은 등장한다. 우리는 동성애에 무디어졌다. 이것이 그들의 계획이다.

우리는 사회가 폭력에 물들지 않기를 바라듯이 '동성애 선언'의 사상은 죄이고 잘못임을 당당하게 말해야 한다(예를 들면 로마서 1장 24-27절이 동성애에 대해 말하는 바를 보라).

오늘날 목사가 강대상에서 공개적으로 동성애에 반대하면 감옥에 가두는 나라들이 있다. 그러나 감옥에 가더라도 우리는 죄를 죄라고 말해야 한다.

우리는 할리우드와 동성애 사회를 위해서 기도해야 한다. 동성애가 여러 예술 영역에 얽혀 있기 때문이다. 주님은 세상이 스타라고 말하는 사람들이 의로운 영향을 주도록 그들을 변화시키고 싶어 하신다. 우리는 미디어와 통신에서 일하는 사람들을 위해 기도해야 한다. 전파는 수백만 명에 가닿고, 사회와 문화의 사상, 옷차림, 행동, 감정에 영향을 주기 때문이다.

---

9. '동성애 선언'은 1987년 연방 의회 의사록에 등재되었다.

교회가 영화산업에 거룩한 영향을 끼친 적이 있다. 가톨릭 품위단(Catholic Legion of Decency)은 가톨릭교도들이 보지 말아야 할 '품위 없는' 영화를 결정하는 제작 기준을 마련했다. 할리우드는 정부의 검열 기준보다 이 기준을 더 지켰다. 시초는 헤이스 규약(Hays Code)이다. 이 규약은 1930년에 채택되고 1967년에 미국영화협회(MPAA)의 영화 등급에 밀려났다.

헤이스 규약의 세 가지 '일반 원칙'은 다음과 같다.

1. 관객의 도덕 기준을 낮추는 영화는 만들지 못한다. 따라서 범죄, 비행, 악, 죄에 관객이 공감해서는 안 된다.
2. 엔터테인먼트와 드라마에서는 삶의 올바른 기준이 드러나야 한다.
3. 인간과 자연의 법은 조롱의 대상이 아니다. 범법 행위에 관객이 공감하게 해서도 안 된다.

몇 가지 구체적인 항목을 예로 든다.

- 나체와 외설적인 춤을 금한다.
- 종교는 조롱 대상이 아니다. 성직자는 희극적 인물이나 악역으로 그리지 못한다.
- 마약 사용 묘사를 금한다. 구성이나 인물 묘사에 필요한 경우를 제외하고 음주 역시 묘사할 수 없다.

- 동성애와 같은 '성적 일탈'이나 성병을 언급하지 못한다.
- '성행위'는 플롯에 반드시 필요한 경우에만 허용된다.[10]

이러한 제도가 왜 사라졌는가? 무엇보다 그리스도인들이 더 이상 가톨릭 품위단에 관심을 두지 않고 '품위 없는' 영화를 보기 때문이다. 영화제작자들은 품위를 지키지 않아도 돈을 벌 수 있다는 것을 알았다. 교회는 목소리를 잃었다.

중보기도자에게 할리우드와 미디어를 위해 기도하는 것만큼 중요한 일은 없다. 또한 우리는 이 분야를 변화시키려고 힘쓰는 그리스도인들을 위해 기도해야 한다.

여러 나라에서 영화 산업이 발달하고 있다. 이 산업의 뿌리를 영적으로 도해하고 사회에 큰 영향을 끼치는 이 분야의 주권을 되찾을 기도 전략을 세워야 한다. 우리는 하나님의 뜻이 땅에서 이루어지기를 바란다. 이러한 분야를 목표로 삼는 것이 우리의 바람을 이루는 방법이다.

우리가 할 일

하나님은 강한 기도의 군사를 일으키신다. 그들은 이 땅을 평화와

---

10. "Production Code," *Wikipedia, the free encyclopedia*, updated September 10, 2007, http://en.wikipedia.org/wiki/Hays_code (accessed September 12, 2007).

정의, 기쁨이 넘치는 거룩한 땅으로 바꾸려고 하나님께 삶을 바쳐 기도하는 사람들이다. 당신도 함께 하지 않겠는가?

제 10 장

값비싼 은혜

1939년 7월 디트리히 본회퍼(Dietrich Bonhoeffer)는 미국에서 독일로 돌아오는 비행기를 타면서 가슴이 미어졌을 것이다. 그는 하나님을 사랑하고 성경을 연구하는 신학자가 되려고 평생을 바친 사람이다.

전쟁이 끝나기 전에는 조국으로 돌아가지 않겠다고 결심하고 미국에 머문 지 겨우 한 달밖에 되지 않았다. 그는 무엇 때문에 그렇게 일찍 돌아갔을까? 나치는 거짓 이념으로 독일을 점령하고 파괴했다. 그날 본회퍼는 온갖 생각으로 마음이 어지러웠을 것이다. 그는 겨우 서른셋이었고 앞날은 유망했다.

그는 조국의 구원을 위해 일해야 한다는 확신을 버릴 수 없었다. 미국을 떠나기 전에 친구 라인홀드 니버(Reinhold Niebuhr) 목사에게 편지를 보냈다.

> 지금 겨레의 시련에 동참하지 않으면 전쟁이 끝난 뒤에 나는 기독교를 재건하는 일에 참여할 어떤 권리도 얻지 못할 것입니다.… 독일 그리스도인들은 기독교 문명을 지키기 위해 조국의 패망을 선택할 것인지 조국의 승리를 위해 우리 문명을 파괴할 것인지 결정해야 할 것입니다. 나는 내가 어떤 것을 선택할 것인지 압니다. 그러나 겨레를 생각하면 마음 편히 선택할 수 없습니다.[1]

본회퍼는 하나님 나라를 위해 현상유지를 깨뜨린 수많은 선열들 뒤를 이었다. 하나님은 위기가 닥칠 때 주님의 목적을 이루는 든든한 유산을 남길 복과 힘을 그 세대에 주신다. 디트리히 본회퍼가 그렇다.

1933년 그는 이미 라디오 방송을 통해 부도덕한 리더를 따르는 것은 위험하다고 경고했다. 주류 교회가 나치를 지지하자 그는 루터파 교회를 떠나 고백 교회를 세웠다. 고백 교회는 "나치에 물든 강대상, 나치에 물든 기독교, 나치에 물든 성직자"에 항거했다. 본회퍼의 친구 에버하르트 베트게(Eberhard Bethge)는 이렇게 말했다.

> 우리의 결정은 그리스도와 히틀러, 십자가와 갈고리십자, 더욱이 민주주의와 전체주의 중에 하나를 선택하는 것이 아니다. 이 문제는 성경적 그리스도와 게르만족의 영웅적 그리스도, 십자가의 복음과

갈고리십자의 복음 중에 하나를 선택하는 것이다.[2]

악의 흐름에 맞서다

가까운 친구들과 가족이 본회퍼 편에 서서 독일을 덮치는 악의 흐름에 맞서 싸웠다. 히틀러의 정책과 계획의 본래 의도는 국민을 기만했고, 독일 안팎에서 누구도 히틀러를 막을 수 없었다.

본회퍼는 성경 교사로서 사람들을 자유롭게 하는 하나님의 진리의 말씀을 가르치는 것으로 저항했다. 그는 핑켄발데에서 신학생들을 가르쳤다. 1937년 나치는 이 신학교를 불법단체로 규정했다. 본회퍼가 자신의 재능을 썩히지 않으려고 미국으로 떠난 것은 당연했다. 그러나 그의 가슴은 독일로 돌아가라고 말했다. 그는 조국이 독재자로부터 자유롭기를 바랐다.[3]

미국으로 떠나기 1년 전, 본회퍼는 1938년 11월 9-10일 수정의 밤(Kristallnacht) 이후로 파괴된 독일의 회당과 유대인의 가정과 기업

---

1. Dietrich Bonhoeffer, *The Cost of Discipleship* (New York, NY: Touchstone Publications, 1959, 1994), 17-18. 《나를 따르라》(대한기독교서회 펴냄).

2. Eberhard Bethge, *Friendship and Resistance: Essays on Dietrich Bonhoeffer* (Grand Rapids, MI: Eerdmans Publishing Company, 1995), 19, quoted in "Review of Eberhard Bethge, Friendship and Resistance," *The Bonhoefferian*, June 16, 2007, http://dietrichbonhoeffer.com/2007/06/18/review-of-eberhard-bethge-friendship-and-resistance/ (accessed September 12, 2007).

3. 여성에게 참정권이 없던 시절 불법으로 투표를 했다는 죄로 미국에서 체포된 수잔 앤서니(Susan B. Anthony)는 미국 독립전쟁의 금언으로 자신을 변호했다. "폭정에 항거하는 것은 하나님께 순종하는 것이다."

을 살피고 다녔다. 수정의 밤은 독일 전역과 오스트리아 일부 지역에서 유대인을 학살하고 가게를 부수고 회당을 불태운 사건이다. 본회퍼는 나치의 금지를 무릅쓰고 베를린에서 가장 피해가 큰 장소를 찾았다. 그 뒤로 그는 유대인을 나라 밖으로 탈출시키는 일에 힘썼다.

본회퍼는 미국에서 돌아온 뒤에 기적과 같이 군정보부 민간요원으로 일하게 되었다. 그는 여러 곳을 다니면서 히틀러 정권을 무너뜨리는 일에 뜻을 보태는 사람들을 만났다. 끝내는 실패한 히틀러 암살과 여러 나치 고위 장교들의 암살 모의에 가담했다.

1943년 4월 5일 본회퍼는 부모의 집에서 누나 크리스텔과 매형 한스 폰 도흐나니와 함께 체포되었다. 결국 형 클라우스와 매부 뤼디거 슐라이허도 체포되었다. 체포 당시 본회퍼는 약혼녀가 있었다. 약혼녀는 틀림없이 충격을 크게 받았을 것이다. 결국 두 사람은 결혼하지 못했다.

본회퍼는 감옥에서 만여 쪽에 달하는 글을 썼다. 하나님은 사탄이 꾸민 악을 선으로 바꾸신 셈이다. 그가 쓴 편지는 간수와 친구들의 도움으로 감옥 밖으로 흘러나갔다. 나는 그의 신학에 모두 동의하지는 않지만 그는 개혁자의 훌륭한 귀감이다. 그는 감옥에 있을 때 동료 죄수들을 격려하고 만나는 사람들에게, 간수들에게조차 복음을 전했다. 그는 생의 마지막 날까지 타인에게 위로를 전하고 친교를 나누었다.

결국 본회퍼는 교수형을 선고받았다. 그의 나이 서른아홉이었다.

그뿐 아니라 형 클라우스와 매부들도 교수형으로 목숨을 잃었다. 일가가 교수형으로 삶을 마감한 것이다.

1945년 4월 9일은 불의에 맞서 싸우라는 외침의 날이다. 이날 본회퍼는 형장에 모인 사람들에게 말했다. "오늘이 마지막 날이군요. 내 삶은 이제 시작입니다." 본회퍼가 생을 마감한 수용소가 있던 플로센부르크는 며칠 뒤 연합군에 의해 자유를 얻었다.

값비싼 은혜

순교자의 피는 교회의 씨앗이라는 말이 있다. 본회퍼는 자신이 믿는 바를 값비싼 은혜라고 불렀다. "값싼 은혜는 교회의 불구대천지 원수다. 오늘 우리는 값비싼 은혜를 위해서 싸우고 있다."[4]

나는 오직 은혜로만 구원을 받는 것은 아니라는 말에 동의하지 않는다. 그러나 그리스도는 은혜를 위해 모든 것을 희생하셨기 때문에 우리는 정의를 위해서라면 모든 것을 희생할 각오를 해야 한다. 명예, 돈, 시간, 생활방식에 손해를 입어도 그리스도께 순종해야 한다. 하나님은 세상의 죄를 보시고 애통하신다. 우리도 악독한 법과 행위에 얽힌 민족과 사회를 볼 때 애통해야 한다.

---

4. Bonhoeffer, *The Cost of Discipleship*, 43. 《나를 따르라》

보이는 교회

본회퍼는 보이는 교회를 믿었고 그 믿음에서 자신의 책무를 발견했다. 보이는 교회는 정부의 행동에 전혀 상관하지 않는 교회와 대척된다. 역사적으로 미국 목회자들은 '선거일' 설교라는 것을 할 정도로 정치에 깊이 관여했다. 선거에 출마한 후보들은 교회에 와서 시대의 문제에 대해 하나님의 말씀을 들었다. 나라를 성경의 토대 위에 세우는 일은 목사의 책무였다.

미국 독립 전쟁이 일어났을 때 목사들은 강대상에서 내려와서 '검은 연대'라고 부르는 군을 조직했다. 이 이름은 목사가 설교할 때 검은 예복을 입은 데서 연유했다. 목사들은 영국의 불의에 맞서 교인들을 이끌고 전투에 참가했다. 예를 들면 피터 뮬렌버그(Peter Muhlenberg) 목사가 있다.

뮬렌버그는 목사가 정치에 참여하는 것이 옳은 일인지 고민했다. 그는 평화를 누릴 때와 전쟁을 치를 때가 있다는 말씀을 묵상했다(전 3:1-11). 그는 이 주제로 뜨겁게 설교를 마친 뒤에 외쳤다. "우리가 무척 소중하게 아끼는 자유를 위해서 싸울 때가 왔습니다. 지금은 전쟁을 치를 때입니다!"

교인들 앞에서 예복을 벗고 독립군 군복으로 갈아입는 그를 숨죽이고 바라본 교인들이 분명히 있었을 것이다. 그는 입구를 향해 행진하며 교인들에게 외쳤다. "여러분이 그 자리에 있겠다면, 자유를 지키기 위해 싸우지 않겠다면, 지켜야 할 자유는 곧 사라질 겁니

다!"⁵

교회 밖에는 북치는 병사들이 기다리고 있었다. 뮬렌버그 목사가 명령하자 그들은 모병을 알리는 북소리를 울렸다. 남자 교인들은 죄책감이 들었다. 그들은 한 사람씩 자리에서 일어나 북치는 병사들의 뒤를 따랐다. 그날 남자 교인 300명은 목사와 함께 자유를 위해 싸웠다.

오늘날 하나님은 성경의 진리를 반대하는 자들에 맞설 군대를 그리스도의 몸에서 일으키신다. 우리는 강대상 안팎에서 '예복을 벗고' 정의를 외칠 목사와 리더들이 필요하다.

불신의 반란

역사를 살피면 민족의 상처를 싸매기는커녕 하나님의 말씀이 진리의 기준이라는 사실에 흠집을 내어 민족을 더욱 병들게 만든 신학자들이 있다. 그중 한 사람이 율리우스 벨하우젠(Julius Wellhausen)이다. 그는 성경이 무오하고 하나님의 절대 진리라는 것을 거의 의심하지 않던 일반인들의 믿음에 흠집을 내었다.

벨하우젠은 고등비평이라는 전혀 새로운 사상 체계를 만들었다. 1883년 그는 구약성경의 첫 다섯 권이 모세가 하나님의 영감으로

---

5. Toby Mac and Michael Tait, with Wallbuilders, *Under God* (Minneapolis, MN: Bethany House Publishers, 2004), 21.

쓴 책들이 아니라 여러 저자의 문서를 편집한 것이라고 주장하는 책을 출간했다. 그때까지 그리스도인은 물론 여러 나라가 삶의 문제에 관한 해답이 성경에 있다고 믿었다. 고등비평은 하나님이 창조주이자 우주의 통치자이며 이것이 참되다는 믿음의 토대를 허물었다. 많은 사람들에게 성경은 여느 책과 다름없어졌다. 성경은 하나님의 법과 계시의 책이 아니라 좋은 생각과 역사적 도덕책이 되었다.

16세기 루터가 "의인은 믿음으로 살 것이다"라고 외쳤을 때가 독일 기독교의 정점이었다. 사탄은 세 가지로 반격했다. 벨하우젠의 고등비평과 다윈의 진화론, 마르크스주의가 휘두르는 주먹에 현대사회는 깊이 멍들었다. 벨하우젠의 생각대로 성경이 하나님 말씀이 아니라면 다윈이 옳을지 모른다. 다윈이 옳다면 하나님은 존재하지 않을 것이고, 종교(곧 기독교)는 "민중의 아편"이라는 마르크스의 말이 옳을지 모른다.

하버드와 프린스턴, 예일과 같이 하나님의 영광을 위해서 설립된 미국의 많은 대학교가 종교적 자유주의와 세속적 인본주의의 요새로 변했다. 내가 찾았던 대학교들에서 이른 아침 새벽기도 시간을 알리던 예배당 종탑은 불교 명상에 사용되고 있었다. 지난날 시카고 대학교는 목사와 부흥사를 훈련시키려고 설립되었다. 오늘날 시카고 대학교 신학부는 세계 종교를 가르친다. 기독교는 여러 종교 중에 하나일 뿐이다.

대분열

20세기가 되자 미국에서는 자유주의와 성경의 진리 사이가 더욱 멀어졌다. '현대주의자'로 자처하는 자유주의자들은 벨하우젠, 다윈, 마르크스 편에서 힘을 모아 역사적 기독교 신앙의 근본을 부정하는 종교적 세계관의 길을 놓았다. 그들은 예수의 사회정의와 윤리는 원했지만 기독교 교리는 원하지 않았다.

한편 자유주의자들이 "근본주의자"라고 부르는 복음주의 보수주의자들은 정의의 편에 서서 "의인은 믿음으로 살 것이다"라는 개혁의 외침을 굳게 붙들었다. 그러나 자유주의자들은 사회가 인정하는 정의만 계속 고집했다. 복음주의자 대다수는 예수 그리스도의 빛을 밝게 비추며 구원의 복음을 전했지만 복음 전파를 자신의 책무로 여기지 않는 그리스도인들이 많았다. 그들은 대개 민권운동에서 손을 뗐고 국내 문제에 침묵했고 신속하게 교외로 빠져나갔다.

그들의 빈자리는 학대받는 여성을 돕는 여성해방 운동가들과 빈민을 돕는 동성애자들이 차지했다. 우리 사회에서 하나님의 말씀을 사회적으로 정치적으로 반대하는 사람들이 선한 일을 더 많이 하는 셈이다.

어린이들이 내게 오는 것을 허락하라

세계의 사회복지 제도가 무너지는 까닭은 교회가 빈민을 돕는 책무를 버렸기 때문인지 모른다. 미국에는 문제가 있는 가정의 자녀를 돕는 가정위탁보호제도가 있다. 18세가 되면 더 이상 보호받지 못하고 세상으로 나가야 한다. 그들은 대개 대여섯 가정을 거치는데 학대를 받는 경우가 많다. 교회가 이런 일에 나설 때가 되었다.

입양도 교회가 도울 수 있는 분야다. 2007년 7월 7일 '부흥 내슈빌'(The Call Nashville)이라는 기도회가 열렸다. 어느 강사가 교인들에게 마약중독자에게서 태어난 아기를 입양할 것을 요청했다.

어떤 백인 부부가 네 살 된 어여쁜 흑인 아기를 안고 앞으로 나갔다. 그들은 사산아를 낳은 경험으로 이야기를 시작했다. 그 당시 그들은 낙태를 반대하는 병원에서 일하고 있었다. 낙태를 하지 않기로 결정한 어떤 미혼모가 아기를 낳고 그들에게 아기의 양육을 부탁했다. 부인은 아기를 잃은 지 얼마 되지 않았기 때문에 젖이 마르지 않았고 그 아기를 친자식처럼 돌보았다.

이것은 우리 세대에 나타날 예언적 그림이다. 하나님은 우리가 가정을 열고 어린이를 입양하여 앞으로 태어날 차세대를 구원할 기회를 교회에 주신다. 하나님은 아기를 기를 때가 지났다고 생각하는 교인들에게 다른 사람들이 낙태하기로 결정한 아기들을 맡기실 것이다. 우리는 혀로만이 아니라 행동으로써 공평과 정의가 이 땅에 바로 서기를 바라고 있음을 증명해야 한다.

이러한 행동에는 희생이 따른다. 그러나 예수님은 우리에게 은혜를 주시려고 값비싼 희생을 치르셨다. 우리는 그리스도가 본을 보이고 전하신 메시지를 진지하게 생각해야 한다. "어린이들이 내게 오는 것을 허락하고, 막지 말아라"(마 19:14). 우리는 활발히 문화를 바꾸어야 한다. 성경《메시지》는 이렇게 말한다.

> 그러므로 나는, 이제 여러분이 이렇게 살기를 바랍니다. 하나님께서 여러분을 도우실 겁니다. 여러분의 매일의 삶, 일상의 삶―자고 먹고 일하고 노는 모든 삶―을 하나님께 헌물로 드리십시오. 하나님께서 여러분을 위해 하시는 일을 받아들이는 것이, 바로 여러분이 그분을 위해 할 수 있는 최선의 일입니다. 문화에 너무 잘 순응하여 아무 생각 없이 동화되어 버리는 일이 없도록 하십시오. 대신에, 여러분은 하나님께 시선을 고정하십시오. 그러면 속에서부터 변화가 일어날 것입니다. 그분께서 여러분에게 바라시는 것을 흔쾌히 인정하고, 조금도 머뭇거리지 말고 거기에 응하십시오. 여러분을 둘러싸고 있는 문화는 늘 여러분을 미숙한 수준으로 끌어 낮추려 하지만, 하나님께서는 언제나 여러분에게서 최선의 것을 이끌어 내시고 여러분 안에 멋진 성숙을 길러 주십니다.
>
> 로마서 12장 1-2절

변화를 위해 우리가 할 수 있는 일이 있다.

1. 우리가 도울 사람이 누구인지 하나님께 묻는다.
2. 우리 문화에서 하나님의 법이 무너지고 잘못된 일이 생길 때 침묵하지 않는다.

3. 세상 풍조는 우리를 삼키려 할 것이다. 가만있지 말라!
4. 하나님 말씀을 부지런히 꾸준히 공부한다.

우리는 삶의 모든 영역에서 하나님 말씀으로 돌아가야 한다. 어떤 그리스도인들은 문화의 영향을 지나치게 받아서 간음을 잘못으로 여기지 않을 정도다. 대학생들은 아무나 만나서 동침하는 것을 "한 건 했다"라고 말한다. 그들은 동침한 상대의 이름조차 모를 때가 많다. 우리 삶의 모든 영역에 침투한 상황윤리를 무너뜨릴 교육이 절실하다.

사회복음에는 법이 빠져 있다. 우리는 선과 악을 가르치고 죄를 죄라고 불러야 한다. 경건은 이 시대의 주제가 되고 열방은 다시금 주님을 두려워하고 지혜를 배워야 한다.

희망의 빛이 대학교에 희미하게 번지고 있다. 가장 감동적인 일은 지구 곳곳에서 24/7 기도운동이 벌어져 대학생들이 병자를 위해 기도할 때 병이 낫는 기적이 일어나고 있다는 것이다. 미국에서는 적어도 60개 대학교에서 24/7 기도운동이 진행되고 있다.

초자연적 돌파구

초자연적 사건은 하나님의 존재에 대한 모든 논쟁을 무너뜨린다. 불치병에 걸린 사람이 하나님께 고침을 받으면 그는 하나님의 존재를 부정하지 않는다. 하나님은 권능으로 인본주의의 견고한 진을 번

번이 파괴하신다. 하나님의 힘은 문화를 사로잡고 있는 사탄보다 언제나 한 수 위에 계신다.

제이슨 마(Jaeson Ma)는 저서 《캠퍼스 행전》(The Blueprint)에서 캘리포니아 주립대학교 로스앤젤레스 캠퍼스에서 한 남자가 여러 학생들의 기도를 받은 뒤에 많은 사람이 보는 가운데 목발 없이 걷는 것을 목격한 사건을 소개한다. 여러 학생들이 그 모습을 보고 울었다. 대학교 캠퍼스에 나타난 치유하시는 하나님의 임재와 권능이 무척 강해서 사람들은 외경심을 느꼈다.[6]

민족을 제자로 삼는 일에는 하나님의 초자연적 권능을 나타내는 일이 포함된다. 승천하시기 전에 예수님이 우리에게 주신 지상명령은 마태복음 28장 19-20절에만 기록된 것이 아니다. 나머지 절반은 오순절에 찾아오신 성령님의 능력으로 성취된다. 복음서에서 마가가 지상명령을 어떻게 완성하는지 살펴보자.

또 예수께서 그들에게 말씀하셨다. "너희는 온 세상에 나가서, 만민에게 복음을 전파하여라. 믿고 세례를 받는 사람은 구원을 얻을 것이요, 믿지 않는 사람은 정죄를 받을 것이다. 믿는 사람들에게는 이런 표징들이 따를 터인데, 곧 그들은 내 이름으로 귀신을 쫓아내며, 새 방언으로 말하며, 손으로 뱀을 집어들며, 독약을 마실지라도 절

---

6. Jaeson Ma, *The Blueprint* (Ventura, CA: Regal Books, 2007), 174. 《캠퍼스 행전》(WLI 펴냄)

대로 해를 입지 않으며, 아픈 사람들에게 손을 얹으면 나을 것이다."

마가복음 16장 15-18절

인본주의자는 생각지 못하는 기이한 일과 표적은 놀라운 방법으로 하나님을 드러낸다. 에이즈로 죽어 가는 동성애자들을 기도로 고치면 그들은 성경의 하나님이 참된 하나님이심을 알게 될 것이다. 완고한 무신론자마저도 암으로 죽어 갈 때면 병을 고치시는 사랑의 구원자에게 마음을 연다.

우리가 주님이 이끄시는 대로 기도하면 열방의 학교와 회사에서는 사도행전과 같은 기적이 일어날 것이다. 교인들이 곡식을 추수할 준비가 되면 하나님 나라는 널리 확장될 것이다.

내 친구 에드 실보소는 오순절 이후에 교회가 성장하고 많아졌다고 언급한다. 그 결과로 도시 전체가 예수 그리스도의 복음으로 넘쳤다(행 4:16). 하나님은 초자연적 방법으로 민족을 제자로 삼을 힘을 우리에게 주셨다. 기적은 예수님만이 "길이요, 진리요, 생명"(요 14:6)이라는 개혁의 진리를 증명한다. 도시를 정의로운 곳으로 바꾸려면 우리는 거리에서 기적이 나타나도록 더욱 힘써야 한다.

앞에서 말했듯이 1967년 미국에는 '사랑의 여름'이 시작되었다. 전 세계에서 사람들이 프리섹스와 마약을 찾아 샌프란시스코로 몰려왔다. 그 세대가 마약에 기초한 문화를 세웠다. 사이키델릭 음악은 환각제(사이키델릭)에 취한 사람들의 노래였다.

같은 시기에 캘리포니아에서는 예수 운동이 일어나 여러 사람들이 하나님 나라로 몰려왔다. 수천 명이 구원을 받았다. 청년들은 바닷가에서 세례를 받았고 사람들은 나와 같은 사람들을 "예수쟁이"나 "기독교 환자"라고 불렀다. 우리의 좌우명은 "예수님이 길이다"였다. 우리는 열렬하고도 격렬하게 하나님을 사랑했다. 그러나 이 운동은 한 번도 사회로 스며들지 못했다.

오늘날 우리는 대학교 캠퍼스의 전도와 기적으로 새로운 예수 운동의 출발 단계에 있다. 우리는 이 새로운 운동에 개혁의 메시지를 담아 정의를 외칠 새로운 세대를 일으켜야 한다. 포스트모더니즘을 깨뜨릴 반문화 운동과 거룩한 혁명은 반드시 일어나야 한다.

나는 이 책을 쓰는 내내 마음으로 기도했다.

> 주님, 이 책을 통해 문화에 맞설 새로운 개혁자 세대가 일어나길 소원합니다. 하나님 아버지, 모든 민족과 도시에서 소금과 빛의 책임을 다할 경건한 혁명의 사람들을 보내 주십시오! 오, 하나님, 이 책을 통해 경건한 운동이 시작되기를 바랍니다!

나는 이 책뿐 아니라 성령님의 역사를 통해서도 당신이 하나님 나라를 위한 개혁자로 거듭나기를 기도한다.

새로운 개혁

이 시대는 새로운 개혁을 요구한다. 교회의 변화만을 요구하는 개혁이 아니라(그럴지라도 교회는 '새 포도주'가 되어야 한다) 사회의 변화를 더한 개혁을 요구한다.

뛰어난 변호사에서 부흥사가 된 찰스 피니(Charles Finney, 1792-1875)는 사회의 모든 영역이 변해야 부흥이 일어난다는 점을 알았다. 그는 저서 《프리메이슨단의 비밀》(Freemasionry)에서 이 비밀조직의 허위를 폭로한다. 그는 조직원을 강대상 앞까지 불러내어 조직에 가담한 일을 뉘우치게 했다. 그 결과로 여러 프리메이슨 지부가 문을 닫았다.

그 자신도 조직원이던 피니는 조직의 비밀을 외부에 폭로할 경우 어떤 벌도 받겠다고 서약한 내용을 공개했다.

> 내 목이 잘리고 혀는 뿌리째 뽑히고 밀물과 썰물이 하루 두 차례 오가는 가장 낮은 바닷가의 거친 모래에 묻힐 것을 맹세한다.[7]

피니는 이것을 우상숭배라고 여겼고 그리스도인이면서 프리메이슨이 되는 것은 불가능하다고 느꼈다.

이 위대한 부흥사는 고소를 당할 공산이 큰데도 사회의 악을 고발하는 것을 무서워하지 않았다. 피니는 저서에서 윌리엄 모건이 프리메이슨의 정체를 밝히려다 익사했다고 말한다.

프랜시스 셰퍼(Francis A. Schaeffer)는 저서 《기독교 선언》(A Christian Manifesto)에서 우리의 문화, 사회, 정부, 법은 교회가 문화의 소금이 될 책무를 버렸기 때문에 지금과 같이 되었다고 설명한다.[8]

오벌린 대학교 총장이던 피니는 노예제를 강하게 반대했다. 이 학교는 탈출한 노예를 은밀히 돕던 조직의 거점이었고 미국 사회에서 노예제에 맞서 싸운 강한 전사였다. 사실 뉴욕에서 목회할 때 피니는 노예 소유를 죄로 여겼기 때문에 노예를 소유한 사람은 성찬에 참석하지 못하게 막았다. 매사추세츠 주에 휘튼 대학교를 설립한 라반 휘튼(Laban Wheaton) 판사와 피니 두 사람은 나라를 바꾸기 위해 필요하다면 시민불복종도 있어야 한다고 믿었다.

도덕적 행동주의의 요청, 시민불복종

시민불복종이란 무엇인가? 나라의 법이 하나님의 법을 어길 때 우리는 사람보다 하나님께 순종해야 한다는 것이다. 성경《메시지》는 사도행전 5장 29절을 이렇게 풀이한다. "사람보다 하나님께 순종하는 것이 당연합니다." 나는 "당연합니다"라는 말이 좋다. 이것은 우리는 사회에서 생각하고 행동하는 모든 영역에서 하나님께 순종하지 않고는 살 수 없다, 반드시, 필히 그렇게 살아야 한다는 뜻이다.

개인의 삶에는 어떻게 적용할 수 있는가? 우리는 낙태와 안락사, 간음과 같은 사회와 엔터테인먼트 산업의 도덕적 문제에 관해 크게

---

7. Charles G. Finney, *Freemasonry* (Brooklyn, NY: A & B Books Publishers, reprinted 1994), 65.

8. Schaeffer, *Christian Manifesto*, 66 (see ch. 6, n. 1).《기독교 선언》

외쳐야 한다. 우리의 신념을 투표에 반영하고 정의와 공평을 외치며 되도록 진취적으로 행동해야 한다. 가장 중요한 것은 이것이다.

> 이 시대는 도덕적 행동주의를 요청한다. 우리는 사람보다 하나님께 순종해야 한다. 그리스도인은 그렇게 행동하는 것이 당연하다.

살면서 악을 목격할 때가 있다. 우리는 그 악을 고발해야 할 뿐 아니라 도덕적 행동을 통해 우리의 불쾌한 마음을 공개적으로 드러내야 한다. 이것이 시민불복종이다. 잘못된 일을 우리가 고칠 수 있을 때는 다른 사람이 나서기를 기다리지 말고 우리가 직접 나서야 한다.

워싱턴 행진

시민불복종은 미국의 역사를 바꾸었다. 워싱턴 행진을 처음 이끈 사람은 젊은 퀘이커교도 앨리스 폴(Alice Paul)이다. 앨리스는 세 번이나 체포되어 투옥되었고 단식농성을 벌였다. 모두 여성 참정권을 위해 헌법 개정을 요구하는 투쟁이었다.

1913년 3월 3일 대통령 취임식 날, 여성 참정권론자들은 시위하려고 워싱턴으로 행진했다. 여성들은 직업에 따라 옷 색깔을 달리하여 무지개 빛깔을 이루어 행진했다. 예를 들면 예술가들은 붉은 옷을 입었다. 일용직 근로자들은 함께 모여서 걸었고 농부와 주부들도 각자 무리를 지어서 행진했다. 또한 그들은 인종을 차별하지 않았다. 그 시절 사람들은 상상조차 못할 일이었다. 워싱턴 DC의 하워드 대학교에 다니는 아프리카계 미국인 여성들은 함께 걷거나 흩어져서 행진했다.

1919년 6월 4일 마침내 국회는 여성에게 참정권을 부여하는 수정안을 통과시켰다. 이 법은 1920년 비준되었고 그해 여성은 최초로 대통령 선거에서 투표권을 행사했다.

로자 파크스(Rosa Parks)는 앨라배마 주 몽고메리에서 백인전용좌석을 양보하라는 요구를 거부한 죄로 감옥에 갇혔다. 인종차별에 맞서 싸우는 워싱턴 DC 행진이 다시 시작되었다. 이 운동은 "직업과 자유를 위한 도덕 혁명"이었다. 1963년 8월 28일, 이 행진들에 영향을 받아 열정의 설교자 마틴 루터 킹 주니어는 역사에 남을 연설을 했다.

> 오늘 나는 여러분에게 말합니다. 친구들이여, 우리는 오늘과 내일의 시련을 마주하고 있으나 나는 변함없이 꿈을 꿉니다. 이 꿈은 아메리칸 드림에 깊게 뿌리내리고 자란 꿈입니다.
>
> 훗날 미국은 우리가 믿는 바의 참된 의미를 실현할 것입니다. "우리는 모든 사람은 평등하게 창조되었다는 것이 자명한 진리임을 믿는다."…
>
> 자유가 울려 퍼질 때, 모든 마을과 모든 촌락에서, 모든 주와 모든 도시에서 자유가 울려 퍼질 때, 흑인과 백인, 유대인과 이방인, 개신교도와 천주교도, 하나님의 모든 자녀들이 손을 잡고 옛 흑인 영가

를 함께 부를 날이 신속히 다가올 것입니다. "마침내 자유를! 마침내 자유를! 전능하신 하나님께 감사하세, 우리는 마침내 자유를 얻었네!"[9]

당신에게는 하나님이 주신 꿈이 있는가? 당신은 하나님의 공평과 정의가 울려 퍼지게 이 세상을 바꿀 수 있다. 개혁자가 되라는 부름은 매일 하나님의 뜻이 "하늘에서 이루어진 것같이 땅에서도 이루어지게" 살라는 것이다.

성경을 믿는 시민들이 하나님 말씀에 비추어 생각과 행동을 삼가고 하나님의 임재와 기적을 바라며 기도할 때 인본주의가 바탕이 된 자유주의 사회는 가장 큰 어려움을 겪을 것이다. 우리가 하나님의 참된 사랑을 삶으로 살아낼 때 우리의 이웃은 하나님이 정의롭게 다스리는 삶이 무엇인지 깨닫게 될 것이다.

미국과 캐나다, 영국의 국민들은 기독교 사회가 어떤 것인지 기억한다. 그 기억은 빠르게 사라지고 있다. 그러나 하나님의 빛은 밝게 빛난다. 이 빛은 사탄이 만들 수 있는 어떤 어둠보다 뜨겁고 강하다. 지금은 이 빛으로 우리 문화를 다시 밝히고 어둠을 몰아낼 때다!

분명한 메시지

나는 이 책을 쓰면서 감정이 소용돌이처럼 휘몰아쳤다. 민족의 개혁이라는 막중한 책임 앞에서 때때로 눈물이 쏟아졌다. 나는 자료

조사를 하면서 브람웰 부스(Bramwell Booth)가 편집한 작은 책을 읽었다. 편집자의 아버지 윌리엄과 함께 구세군을 창설한 어머니 캐서린의 삶에 관한 책이었다.[10] 꼭두새벽에 일어나 이 책을 손에 들고 눈물을 흘리면서 책장을 넘겼다. 캐서린의 삶과 어록이 담긴 남편이 쓴 추도문을 읽을 때는 책장조차 넘길 수 없었다. 예순하나에 암으로 세상을 떠난 사랑하는 아내를 두고 남편이 하는 말을 들어본다.

마지막으로 아내는 전사였습니다. 아내는 싸움을 좋아했습니다. 아내는 다른 사람에게 "가라"고 말하고 뒤로 물러나는 사람이 아니라 "나를 보내 달라"고 나서는 사람이었습니다. 필요하다면 이렇게 외쳤습니다. "내가 가겠다!" 허약한 몸 탓에 움직일 수 없을 때까지 나는 아내가 물러서는 것을 본 적이 없습니다.[11]

캐서린은 오늘날 가장 흔하고 미묘한 죄가 소심한 것이라고 생각했다. 용감하게 아니라고 말하지 못하고 혼자 맞서는 것을 무서워하는 사람을 캐서린은 견디지 못했다. 이 '어머니 장수'의 무덤 앞에 섰을 때 캐서린이 했던 말들이 내 마음에 메아리쳤다. 우리는 소심한

---

9. Lucy G. Barber, *Marching to Washington* (Berkeley: University of California Press, 2002), 170-171.
10. 내 생일 선물로 이 귀한 자료를 한 해 동안 허락해 준 메리 조 피어스(Mary Jo Pierce)에게 깊이 감사한다.
11. Harold Begbie, *The Life of General William Booth* (New York: The Macmillan Company, 1920), 107.

가? 결코 아니다! 소심한 사람은 결코 민족을 변화시킬 수 없다. 캐서린은 영혼의 구원뿐 아니라 미국 사회가 걸린 병을 고치라는 하나님의 부르심에 응답했다. 우리라고 못할 이유가 있는가?

몇 년 전 나는 친구들과 함께 나치가 유대인을 살육할 때 미국인들이 침묵했던 죄를 회개하는 문서를 작성했다. 우리는 워싱턴 DC에 있는 유대인 대학살 추모박물관으로 가서 이 문서와 화관을 헌정하고 기억의 전당을 둘러보았다.

관람 끝에 나는 마르틴 니묄러(Martin Niemoeller)가 쓴 글을 읽었다. 그는 디트리히 본회퍼처럼 제2차 세계대전 이전에 독일의 루터파 목사였다.

> 그들은 처음에 사회주의자를 잡으러 왔다. 나는 사회주의자가 아니므로 침묵했다. 그 뒤에 그들은 노동조합원을 잡으러 왔다. 나는 노동조합원이 아니므로 침묵했다. 그 뒤에 그들은 유대인을 잡으러 왔다. 나는 유대인이 아니므로 침묵했다. 그들이 나를 잡으러 왔다. 나를 살려줄 사람은 아무도 남지 않았다.

나는 가만히 선 채로 이 글에서 눈을 뗄 수 없었다. 성령님의 음성이 강하게 들렸다. "미국에서 이런 일이 벌어지지 않는다고 장담하지 말라."

휘그당 하원의원 에드먼드 버크(Edmund Burke)가 남긴 말이 있다. "선한 사람들이 아무 것도 하지 않으면 악은 승리한다." 민족을 변화시키고 하나님의 뜻을 실현하기 위해 우리가 행동에 나설 때가 왔다. 우리가 행동하지 않으면 남에게 떠밀려 행동할 수밖에 없는 때가 올 것이다.

로드 파슬리(Rod Parsley)는 분명한 메시지를 듣고 밝은도덕센터(Center for Moral Clarity)를 설립했다. 그는 저서 《더 이상 침묵하지 않으리》(Silent No More)의 머리말에서 말한다. "더 이상 침묵하지 않을 것이다. 나는 말할 것이다. 지금 당장 말할 것이다. 시대가 이를 요청한다. 역사가 이를 명한다. 미래가 이를 요구한다. 더욱이 하나님이 보고 계신다."[12]

정말로 하나님이 보고 계신다. 하나님은 은혜가 값비싸다는 것을 아시고 자녀들인 우리가 하나님을 닮기를 바라신다. 하나님의 부름이 들리는가? 우리는 자신을 위해서뿐 아니라 우리의 자녀와 후세를 위해서도 반드시 하나님의 부름에 응답해야 한다. 그들은 우리를 믿는다. 우리는 실패할 수 없다.

---

12. Rod Parsley, *Silent No More* (Lake Mary, FL: Charisma House, 2005), 1.

참고 문헌

Barber, Lucy G. *Marching to Washington*. Berkeley: University of California Press, 2002.

Barton, David. *Original Intent*. Aledo, TX: Wallbuilders Publishing, 1996, 2000.

Bell, James S., Jr., and Tracy Macon Summer. *The Reformation and Protestantism*. Indianapolis, IN: Alpha Books, 2002.

Black, Jim Nelson. *Freefall of the American University*. Nashville, TN: WND Books, a division of Thomas Nelson Publishers, 2004.

Breese, Dave. *Seven Men Who Rule the World From the Grave*. Chicago: Moody Publishers, 1990.《무덤 속에서 세상을 움직이는 일곱 사람》(생명의말씀사 펴냄).

Cannistraci, David. *The Gift of Apostle*. Ventura, CA: Regal Books, 1996.

Colson, Charles, and Nancy Pearcey. *How Now Shall We Live?* Carol Stream, IL: Tyndale House Publishers, Inc., 1999.《그리스도인 이제 어떻게 살 것인가?》(요단출판사 펴냄).

Fletcher, Joseph F. *Moral Responsibility: Situation Ethics as Work*. Philadelphia: Westminster Press, 1967.

Goll, Jim W. *The Lost Art of Intercession*. Shippensburg, PA: Destiny Image, 1997, 2007.

Grubb, Norman. *Rees Howells: Intercessor*. Fort Washington, PA: Christian Literature Crusade, 1952.

Hanser, Richard. *A Noble Treason: The Revolt of the Munich Students Against Hitler*. New York: G.P. Putnam's Sons, 1979.

Junge, Traudl. *Blind Spot: Hitler's Secretary*. DVD, Directed by Andre´ Heller and Othmar Schmiderer. Culver City, CA: Sony Pictures, 2002.

Lugo, Luis E., ed. *Religion, Pluralism, and Public Life*. Grand Rapids, MI/Cambridge, UK: William B. Eerdmans Publishing Co., 2000.

Ma, Jaeson. *The Blueprint*. Ventura, CA: Regal Books, 2007.《캠퍼스 행전》(WLI 펴냄).

Matrisciana, Caryl, and Roger Oakland. *The Evolution Conspiracy*. Eugene, OR: Harvest House, 1991.

McDowell, Stephen, and Mark Beliles. *Liberating the Nations*. Charlottesville, VA: Providence Foundation, 1995.

Miller, Darrow L., with Stan Guthrie. *Discipling Nations: The Power of Truth to Transform Cultures*, 2nd ed. Seattle: Youth With A Mission Publishing, 2001.《생각은 결과를 낳는다》(예수전도단 펴냄).

North, Gary. *Honest Money: Biblical Principles of Money and Banking*. Arlington Heights, IL: Christian Liberty Press, 1986.

Parsley, Rod. *Silent No More*. Lake Mary, FL: Charisma House, 2005.

Rose, Tom. *Economics: Principles and Policy From a Christian Perspective*. Mercer, PA: American Enterprise Publications, 1986.

Rushdoony, Rousas John. *The Institutes of Biblical Law*. Vol. 1. Phillipsburg, NJ: P & R Publishing, 1973; Vols. 2 & 3 Lansing. MI: Chalcedon, 2003.

Schaeffer, Francis A. *A Christian Manifesto*. Wheaton, IL: Crossway Books, 1981.《기독교 선언》(생명의말씀사 펴냄).

Sheets, Dutch. *Intercessory Prayer: How God Can Use Your Prayers to Move Heaven and Earth*. Ventura, CA: Regal Books, 1996.《하늘과 땅을 움직이는 중보기도》(베다니출판사 펴냄).

Strong, James. *Enhanced Strong's Lexicon*. Ontario: Woodside Bible Fellowship, 1996.

Toffler, Alvin. *Future Shock*. New York: Random House, 1970.

《미래의 충격》(범우사 펴냄).

Wagner, C. Peter. *Confronting the Powers*. Ventura, CA: Regal Books, 1996.《영적 전투를 통한 교회성장》(서로사랑 펴냄).

Weber, Max. *The Protestant Ethic and the Spirit of Capitalism and Other Writings*. Translated by Peter Baehr and Gordon C. Wells. New York: Penguin Books, 2002.《프로테스탄티즘 윤리와 자본주의 정신》(동서문화사 펴냄).

감사의 글

이 책을 다 쓰기까지 도와주신 하나님께 이 순간 말로 표현할 수 없을 정도로 깊이 감사를 드린다! 감사합니다, 주님! 또 나를 위해 매일 기도해 준 중보기도자들에게 감사한다. 열방의 장군들 사역팀과 스태프에게도 고마운 마음을 전한다. 격려를 아끼지 않았던 짐과 베키 헤네시 두 목사에게 감사한다! 좋은 생각을 나누어준 에드와 루스 실보소에게도 감사한다.

이 책을 쓰는 2년 동안 함께 지냈던 사람들에게 감사한다. 마이크, 다니엘, 메리 매디슨, 나머지 가족들, 자주 함께 기도했던 여동생 루시, 어머니, 톰, 사돈들에게 감사한다. 그들은 내가 집 안에서 문을 잠그고 글을 쓰는 동안 귀중한 시간을 내어 주었고 때때로 나의 고통스러운 신음 소리를 들어야 했다! 원고를 꼼꼼히 읽고 격려해 준 나를 도와준 셰릴 색스와 셰릴의 남편 할에게도 감사한다.

내가 글을 쓰면서 '벽에 부딪힐 때' 지혜롭게 길을 열어 주고 격려를 아끼지 않았던 카일 던컨에게 감사한다. 카일은 내가 포기하지 않도록 하나님이 보내준 사람이다. 그는 참된 친구다. 그의 가족도 무척 사랑한다.

베다니 출판사의 편집팀과 홍보팀에게 감사한다. 그들은 참으로 친절하고 참을성이 많다. 베다니 출판사가 성공하는 것은 당연하다! 오랜 시간 원고를 다듬고 내용을 확인하고 통찰을 보태 준 릭 킬리언과 테레사에게 감사한다. 내가 쓴 원고의 차원을 높여 준 엘렌 샬리포는 보석과 같은 사람이다. 줄리, 팀, 다나, 그 밖에 내가 이름을 기억하지 못하는 사람들에게도 감사한다! 신학적 부분을 검토해 준 베이어드에게 감사한다.

끝으로, 나와 함께 세계관에 관해 이야기했던 젊은 개혁자들 모두에게 감사한다. 책 제목《개혁 선언》을 바꾸지 말라고 충고했던 빌과 젠 오스탄, 여러 친구들의 사랑과 격려에 감사한다. 나는 그들이 세상을 바꿀 것이라고 확신한다.

텍사스 주 댈러스에서
신디 제이콥스

개혁 선언

발행일   2017년 6월 12일 1판 1쇄

지은이   신디 제이콥스
옮긴이   최요한
펴낸이   김혜자

다윗의장막
서울시 강남구 역삼로 98길 28
전화 02-3452-0442   팩스 02-6910-0432
www.ydfc.com
www.tofdavid.com

ISBN 978-89-92358-67-5 (03230)

잘못된 책은 바꿔 드립니다.

다윗의장막 미디어는 영적 부흥과 영혼의 추수를 위해 도서, 음반, 음원, 영상물의 매체를 통해 하나님 나라가 가정, 사업, 정부, 교육, 미디어, 예술, 교회로 확장되는 비전으로 나아가고 있습니다.